总主编
李安

乡村法律明白人

人民调解政策法律100问

彭伊妮　潘路易莎 / 著

法律出版社 LAW PRESS · CHINA
北京

图书在版编目(CIP)数据

人民调解政策法律100问 / 彭伊妮，潘路易莎著. --
北京：法律出版社，2024
(“乡村法律明白人”系列 / 李安总主编)
ISBN 978-7-5197-8757-8

Ⅰ. ①人… Ⅱ. ①彭… ②潘… Ⅲ. ①调解(诉讼法)
—中国—问题解答 Ⅳ. ①D925.114

中国国家版本馆CIP数据核字(2024)第023093号

人民调解政策法律100问
RENMIN TIAOJIE ZHENGCE FALǗ 100 WEN

彭伊妮　潘路易莎　著

策划编辑 朱海波
责任编辑 朱海波
装帧设计 汪奇峰

出版发行 法律出版社
编辑统筹 法律应用出版分社
责任校对 邢艳萍
责任印制 刘晓伟
经　　销 新华书店

开本 A5
印张 9　**字数** 280千
版本 2024年3月第1版
印次 2024年3月第1次印刷
印刷 北京金康利印刷有限公司

地址：北京市丰台区莲花池西里7号(100073)
网址：www.lawpress.com.cn
投稿邮箱：info@lawpress.com.cn
举报盗版邮箱：jbwq@lawpress.com.cn

销售电话：010-83938349
客服电话：010-83938350
咨询电话：010-63939796

书号：ISBN 978-7-5197-8757-8
定价：40.00元
凡购买本社图书，如有印装错误，我社负责退换。电话：010-83938349

总序

习近平总书记指出："实施乡村振兴战略是关系全面建设社会主义现代化国家的全局性、历史性任务。"乡村振兴成为我国全面建设社会主义现代化强国进程中的重大任务，也是实现中华民族伟大复兴的一项重大战略。党的十九大报告同时指出要构建"自治、法治、德治相结合的乡村治理体系"。

我国面向乡村基层长期开展普法工作，至今已经步入第八个五年规划，经过不懈努力，乡村广大群体的法治意识在社会经济腾飞的同时也有了巨大的提升，但随着社会的不断发展，就大多数乡村公民而言，所具备的法治素养尚无法满足新时代的发展需求。乡村的主体是农民，乡村振兴的主要主体也是农民，实施乡村振兴战略关键是要调动广大乡村农民的主观能动性和创造性，引导乡村农民知法、守法、依法办事，这需要乡村农民群体具备必要的法律知识。

我国于2021年颁布《乡村振兴促进法》，为乡村振兴战略提供了实施的法律依据，推动出台满足乡村振兴战略发展需求的新政策和新法规，在此基础上我国乡村振兴法律体系得以初步构建并逐步完善。首先,乡村振兴的相关法律具有分散性。乡村振兴法律体系中的大部分具体法律知识散落于各部单行法律之中,并没有集中在一部统一的法律当中。其次,乡村振兴法律体系具有系统性。随着全面依法治国的逐步推进,我国法律体系日趋完善,乡村振兴法律体系日渐成型,呈现系统性特征,原因在于一个完善的乡村振兴法律体系是国家治理体系和治理能力现代化的重要标志,是一项系统工程,不仅包含现代化的法治理念,更是体现新时代特征的治理模式。另外,构建系统的乡村振兴法律体系能够满足不同阶段、不同形态的发展需求,为乡村振兴的未来发展提供充分的制度空间。最后,乡村振兴法律内容具有全面性。乡村振兴战略涵盖产业发展、人才支撑、文化繁荣、生态保护、组织建设以及城乡融合等多方面,因此单一法律显然无法面面俱到,只能在既有法律体系的基础上突出乡村发展的特色和原则。

乡村振兴法律规范的分散性影响了广大乡村基层群体便捷地获取日常所需的法律知识,尤其是乡村发展切身相关的法律知识。乡村农民往往只能在生产生活中通过普法活动、媒体宣传等有限渠道进行碎片化了解或学习,因而出版一套包含乡村振兴法律知识体系的通识性读本有充足的必要性。本系列丛书注重内容的实用性与法律的准确性,在内容上涵盖产业、土地、生态、生产资料、基层组织等方面,能够更好地帮助乡村基层群众在推进乡村振兴战略的过程中获取必要的体系性、通识性政策与法律知识,从而提升乡村农民的法治认知水平。希望本丛书有助于推进乡村治理的法治化、现代化,指导和帮助乡村农民提升法治素养,学会优先依靠法律开展生产、从事经营、保护自身合法权益；有助于促进法治在乡村振兴发展中发挥作用，从而适应当前的新形势和新发展；有助于推动乡村治理的依法建设，使法治为乡村振兴战略保驾护航，真正落实科学立法、严格执法、公正司法和全民守法的新时代法治基本要求，实现高质量发展，促进共同富裕。

李　安
杭州师范大学沈钧儒法学院教授、博士生导师
教育部青少年法治教育中心主任
浙江省法治教育研究中心主任
中国行为法学会法律风险防范研究会副会长

目录

第一章　人民调解政策解读

第二章 婚姻家庭纠纷的调解

第三章 合同纠纷的调解

第四章 侵权责任纠纷的调解

第五章　医疗纠纷的调解

第六章　劳动纠纷的调解

第八章　相邻纠纷的调解

第九章　知识产权纠纷的调解

第十章　消费者权益纠纷的调解

附　录

CHAPTER

1

第一章

人民调解政策解读

01 人民调解要收费吗？

疑惑

甲某在过马路时被骑自行车的乙某撞倒后骨折，双方就赔偿数额、支付方式等进行了初步协商。因乙某无力一次性支付赔偿款，故提出分期支付。甲某同意分期，但要求乙某和其共同到人民调解委员会签署调解协议。乙某认为人民调解委员会不会免费提供文书撰写等服务，去人民调解委员会将产生调解费用，增加自己的经济负担，故拒绝前往人民调解委员会。

解析

《人民调解法》第 4 条规定："人民调解委员会调解民间纠纷，不收取任何费用。"因此，人民调解委员会调解民间纠纷，为当事人撰写调解协议书是免费的。地方政府会对人民调解工作所需经费给予必要的支持和保障。人民调解对有纠纷解决需求的当事人而言，既实用又实惠。

政策法律依据

《中华人民共和国人民调解法》第四条、第六条、第十二条

02 做调解时，可以选择调解员吗？

疑惑

甲某和乙某是两兄弟,2003年10月,甲某向乙某购买其因移民而得的房屋(房屋于2004年建成)。为此,双方委托村里会计起草了《房屋买卖协议》,请来当时的村长、村书记进行见证,并于当日签订了该协议。该协议约定,房屋作价50万元,甲某已支付30万元,加上因移民所得的赔偿款及双方母亲赠与双方的款项10万元,双方应各得一半,甲某尚欠乙某15万元。该15万元付清后,房屋产权归甲某所有。之后,甲某通过其父亲向乙某支付了剩余款项,甲某及其家人则在房屋建成后入住至今。甲某一直等待乙某在房屋过户条件成熟后,办理房屋过户手续。但乙某在2013年办理房屋产权登记手续时将房屋登记于自己名下。乙某认为其父曾转账的15万元并非甲某的购房款,故拒绝为甲某办理过户。

双方发生争议后来到人民调解委员会,认为当时在场的调解员

不熟悉双方家庭情况，无法解决双方纠纷。经了解，双方的小学老师丙某也是调解员，就提出希望由丙某进行调解。

解析

根据《人民调解法》第 23 条第 1 项的规定，选择人民调解员是当事人在人民调解活动中享有的权利。人民调解委员会根据调解纠纷的需要，可以指定一名或者数名人民调解员进行调解，也可以由当事人选择一名或者数名人民调解员进行调解。丙某是双方当事人的老师，受到当事人的认可，由其参与调解，更有利于纠纷的解决。

即便丙某不是调解员，人民调解员根据调解纠纷的需要，在征得当事人的同意后，也可以邀请包括丙某在内的当事人的亲属、邻里、同事等参与调解。

政策法律依据

《中华人民共和国人民调解法》第十九条、第二十条、第二十三条第一项

03 只有一方申请，能做人民调解吗？

疑惑

甲某今年78岁，有两个已成家的儿子。两个儿子因对甲某分家时的做法有意见，故对甲某不管不问。甲某多年来单独居住在年久失修的老房子里，生活凄苦。甲某曾向两个儿子求助，但两个儿子互相推诿，不肯积极赡养老人。甲某来到人民调解委员会，希望能通过人民调解解决自己的养老问题。

解析

当事人可以向人民调解委员会申请调解，人民调解委员会也可以主动调解，但调解必须以当事人自愿为前提。甲某一方申请调解后，若经调解员联系，甲某的两个儿子同意调解，人民调解委员会可受理该纠纷。若甲某的两个儿子拒绝调解，人民调解委员会不得调解。

政策法律依据

《中华人民共和国人民调解法》第十七条

04 达成人民调解协议后，一方反悔了怎么办？

疑惑

甲村拥有优美的滩林、竹筏码头等资源，乙某与甲村签订了《滩林租用协议书》，承诺会在5年内投入1000万元进行滩林开发，并向甲村支付每年10万元的滩林租用费用，租用时间为30年。协议签订后，乙某向甲村预付了15年的滩林租用费用，但5年来一直未进行滩林开发。甲村认为乙某不开发滩林，会导致资源的浪费，便要求乙某解除合同。双方在人民调解委员会的主持下进行了调解，并签署了《调解协议书》。《调解协议书》约定：(1)双方签订的《滩林租用协议书》于2022年4月1日解除，双方互不再承担该协议所约定的权利义务；(2)甲村同意在2022年6月1日前向乙某返还120万元租金。

《调解协议书》签署后，甲村以要返还的租金过多为由，对《调解协议书》予以反悔。

解析

《人民调解工作若干规定》第37条规定："当事人不履行调解协

议或者达成协议后又反悔的，人民调解委员会应当按下列情形分别处理：

（一）当事人无正当理由不履行协议的，应当做好当事人的工作，督促其履行；

（二）如当事人提出协议内容不当，或者人民调解委员会发现协议内容不当的，应当在征得双方当事人同意后，经再次调解变更原协议内容；或者撤销原协议，达成新的调解协议；

（三）对经督促仍不履行人民调解协议的，应当告知当事人可以请求基层人民政府处理，也可以就调解协议的履行、变更、撤销向人民法院起诉。”

如乙某在甲村反悔后，继续寻求人民调解委员会的帮助，人民调解委员会应当按照上述规定，督促甲村继续履行调解协议。若调解协议内容确有不当的，可尝试重新调解，达成新的调解协议。争议无法在人民调解委员会解决的，则当事人需向法院提起诉讼。

政策法律依据

《中华人民共和国人民调解法》第三十二条

《人民调解工作若干规定》第三十七条、第三十八条

05 可以凭人民调解协议申请强制执行吗？

疑惑

2020年年初，甲某向乙某借款20万元，约定借期1年。借款期限届满后，甲某未按期还款。双方就民间借贷纠纷前往人民调解委员会调解，并达成调解协议：甲某在2022年1月前偿还10万元，在2022年6月前偿还10万元。如甲某未按期履行还款义务，乙某可要求甲某一次性偿还所有借款。之后甲某未按调解协议付款，乙某带着调解协议书前往法院申请强制执行，法院告知其不符合申请条件。

解析

《人民调解法》第33条第2款规定："人民法院依法确认调解协议有效，一方当事人拒绝履行或者未全部履行的，对方当事人可以向人民法院申请强制执行。"据此，申请强制执行的前提是就人民调解协议做司法确认，未经司法确认的协议不能直接作为强制执行的依据。针对当事人可能爽约的情形，建议在达成调解协议后的30日内向人民法院申请司法确认。

政策法律依据

《中华人民共和国人民调解法》第三十三条第二款

《最高人民法院关于人民调解协议司法确认程序的若干规定》第一条

06 人民调解协议怎么做司法确认？

疑惑

甲某将房屋出租给乙某，约定：租期5年，租金为3000元/月，半年一付；任一方提前解除合同的，需向守约方支付10,000元的违约金。之后，甲某因急于自用房屋，便与乙某协商合同解除事宜。双方在人民调解委员会达成调解协议：(1)房屋租赁合同提前解除；(2)乙某于调解协议签署当日腾空房屋；(3)甲某于调解协议签订之日起30日内向乙某支付10,000元。签订调解协议后，乙某担心甲某不会按约支付款项，便提出对调解协议书做司法确认。

解析

当事人可以向主持调解的人民调解委员会所在地的基层人民法院或者它的派出法庭申请司法确认。申请确认时，应当向人民法院提交司法确认申请书、调解协议和身份证明、资格证明以及与调解协议相关的财产权利证明等证明材料，并提供双方当事人的送达地址、电话号码等联系方式。委托他人代为申请的，必须向人民法院提交由委托人签名或者盖章的授权委托书。

需要注意的是，人民法院不对以下情形做司法确认：

1. 不属于人民法院受理民事案件的范围或者不属于接受申请的人民法院管辖的；

2. 确认身份关系的；

3. 确认收养关系的；

4. 确认婚姻关系的。

政策法律依据

《中华人民共和国人民调解法》第三十三条第二款

《最高人民法院关于人民调解协议司法确认程序的若干规定》第二条、第三条、第四条

07 口头的人民调解协议有效吗？

疑惑

甲某倒车时未看清周边环境，不小心撞坏了乙某家的院墙，双方就墙体修复、赔偿金额产生纠纷，遂到人民调解委员会进行调解。经调解，乙某同意接受由甲某一次性赔付500元的调解方案。甲某提出赔付金额较少，没有必要签调解协议。自己身上未带现金，乙某可随时去他家拿钱。乙某提出，不签调解协议调解是否无效？

解析

人民调解协议包括书面和口头两种形式。对于有给付内容且非即时履行的情形，一般应当制作《人民调解协议书》。但当事人认为无须制作调解协议书的，可以采取口头协议方式，人民调解员应当记录协议内容，填写《人民调解口头协议登记表》。口头调解协议自各方当事人达成协议之日起生效。因此，口头的调解协议也是有效的。

政策法律依据

《中华人民共和国人民调解法》第二十八条、第三十条

《关于贯彻实施〈中华人民共和国人民调解法〉的意见》第十三条

08 调解不成的，怎么办？

疑惑

甲某骑自行车过马路时被乙某驾驶的机动车勾倒在地，甲某未受伤，但其佩戴的手镯因磕碰到地面而断裂。经交警进行交通事故责任认定，乙某负全责。双方在交警队调解时，甲某提出自己的手镯系名贵的和田玉，购买价格高达25万元，要求乙某照价赔偿。乙某认为甲某乱开价，且其未能提供购物发票等能证明手镯价值的材料。鉴于双方无法就赔偿数额达成一致意见，该案终止调解。

解析

调解是解决民间纠纷，维护社会和谐稳定的手段，调解员会通过说服、疏导等方法，促使当事人在平等协商的基础上自愿达成调解协议。但每个纠纷的复杂程度不同，调解难度也存在差异。如果人民调解员调解纠纷不成的，则会终止调解，并依据有关法律、法规的规定，告知当事人可以依法通过仲裁、行政、司法等途径维护自己的权利。在本案中，当事人双方未就赔偿数额达成调解，则甲某可通过向人民法院起诉，要求乙某就物品损失进行赔付。

政策法律依据

《中华人民共和国人民调解法》第二十六条

09 如何成为一名调解员？

疑惑

甲某是一名退休女教师，为人公道正派，熟悉法律知识。平常邻里之间有什么矛盾纠纷，都喜欢找她咨询调解。因为退休后闲来无事，她便开始打听如何成为一名调解员。

解析

人民调解员除由村民委员会成员、居民委员会成员或者企业事业单位有关负责人兼任外，一般由本村民区、居民区或者企业事业单位的群众选举产生，也可以由村民委员会、居民委员会或者企业事业单位聘任。

为加强人民调解员队伍建设,加强矛盾纠纷调处化解工作,当地人民调解员协会或者司法局一般会公开发布招聘人民调解员的公告。没有违法犯罪记录,为人公正,联系群众,热心人民调解工作,具有一定法律、政策水平和文化水平是担任人民调解员的基本条件。不同单位在发布招聘公告时会对调解员的年龄、户籍、文化程度作进一步要求。

政策法律依据

《中华人民共和国人民调解法》第十三条、第十四条

《人民调解工作若干规定》第十四条、第十五条

《关于加强人民调解员队伍建设的意见》

三、加强人民调解员队伍建设的主要任务

(一)认真做好人民调解员选任工作

1. 严格人民调解员选任条件。人民调解员由人民调解委员会委员和人民调解委员会聘任的人员担任,既可以兼职,也可以专职。人民调解员应由公道正派、廉洁自律、热心人民调解工作,并具有一定文化水平、政策水平和法律知识的成年公民担任。乡镇(街道)人民调解委员会的调解员一般应具有高中以上学历,行业性、专业性人民调解委员会的调解员一般应具有大专以上学历,并具有相关行业、专业知识或工作经验。

2. 依法推选人民调解委员会委员。人民调解委员会委员通过推选产生。村民委员会、社区居民委员会的人民调解委员会委员由村民会议或者村民代表会议、居民会议或者居民代表会议推选产生。企业事业单位设立的人民调解委员会委员由职工大会、职工代表大会或者工会组织推选产生。乡镇(街道)人民调解委员会委员由行政区域内村(居)民委员会、有关单位、社会团体、其他组织推选产生。行业性、专业性人民调解委员会委员由有关单位、社会团体或者其他组织推选产生。人民调解委员会委员任期届满,应及时改选,可连选连任。任期届满的原人民调解委员会主任应向推选单位报告工作,听取意见。新当选的人民调解委员会委员应及时向社会公布。

3. 切实做好人民调解员聘任工作。人民调解委员会根据需要可以聘任一定数量的专兼职人民调解员,并颁发聘书。要注重从德高望重的人士中选聘基层人民调解员。要注重选聘律师、公证员、仲裁员、基层法律服务工作者、医生、教师、专家学者等社会专业人士和退休法官、检察官、民警、司法行政干警以及相关行业主管部门退休人员担任人民调解员,不断提高人民调解员的专业化水平。要积极发展专职人民调解员队伍,行业性、专业性人民调解委员会应有3名以上专职人民调解员,乡镇(街道)人民调解委员会应有2名以上专职人民调解员,有条件的村(居)和企事业单位人民调解委员会应有1名以上专职人民调解员,派驻有关单位和部门的人民调解工作室应有2名以上专职人民调解员。

(二)明确人民调解员职责任务

4. 人民调解员的职责任务。积极参与矛盾纠纷排查,对排查发现的矛盾纠纷线索,采取有针对性的措施,预防和减少矛盾纠纷的发生;认真开展矛盾纠纷调解,在充分听取当事人陈述和调查了解有关情况的基础上，通过说服、教育、规劝、疏导等方式方法，促进当事人平等协商、自愿达成调解协议，督促当事人及时履行协议约定的义务，人民调解员对当事人主动申请调解的，无正当理由不得推诿不受理；做好法治宣传教育工作，注重通过调解工作宣传法律、法规、规章和政策，教育公民遵纪守法，弘扬社会公德、职业道德和家庭美德；发现违法犯罪以及影响社会稳定和治安秩序的苗头隐患，及时报告辖区公安机关；主动向所在的人民调解委员会报告矛盾纠纷排查调解情况，认真做好纠纷登记、调解统计、案例选报和文书档案管理等工作；自觉接受司法行政部门指导和基层人民法院业务指导，严格遵守人民调解委员会制度规定，积极参加各项政治学习和业务培训；认真完成司法行政部门和人民调解委员会交办的其他工作任务。

（三）加强人民调解员思想作风建设

5. 加强思想政治建设。组织广大人民调解员认真学习宣传贯彻党的十九大精神，坚持以习近平新时代中国特色社会主义思想武装头脑、指导工作。教育引导人民调解员牢固树立政治意识、大局意识、核心意识、看齐意识，自觉在思想上政治上行动上同以习近平同志为核心的党中央保持高度一致。加强人民调解员职业道德教育，深入开展社会主义核心价值观和社会主义法治理念教育，弘扬调解文化，增强人民调解员的社会责任感和职业荣誉感。

6. 加强纪律作风建设。完善人民调解员行为规范，教育人民调解员严格遵守和执行职业道德和工作纪律，树立廉洁自律良好形象，培养优良作风。建立投诉处理机制，及时查处人民调解员违法违纪行为，不断提高群众满意度。

7. 加强党建工作。党员人民调解员应积极参加所属党支部的组织生活,加强党性修养,严守党员标准,自觉接受党内外群众的监督,发挥党员在人民调解工作中的先锋模范作用。支持具备条件的人民调解委员会单独建立党组织,落实基层党建基本制度,严格党内政治生活,突出政治功能,发挥战斗堡垒作用。

(四)加强人民调解员业务培训

8. 落实培训责任。开展人民调解员培训是司法行政部门的重要职责。要坚持分级负责、以县(市、区)为主,加大对人民调解员的培训力度。县(市、区)司法行政部门主要负责辖区内人民调解委员会主任、骨干调解员的岗前培训和年度培训,指导和组织司法所培训辖区内人民调解员;市(地、州)司法行政部门主要负责辖区内大中型企业、乡镇(街道)和行业性、专业性人民调解委员会主任、骨干调解员的岗前培训和年度培训;省(区、市)司法行政部门负责制定本地区人民调解员培训规划,组织人民调解员骨干示范培训,建立培训师资库;司法部负责组织编写培训教材,规范培训内容,开展人民调解员师资培训。司法行政部门要积极吸纳律师、公证员、司法鉴定人、专职人民调解员等作为培训师资力量,提高培训质量和水平。基层人民法院要结合审判工作实际和人民调解员队伍状况,积极吸纳人民调解委员会进入人民法院特邀调解组织名册,通过委派调解、委托调解,选任符合条件的人民调解员担任人民陪审员,加强司法确认工作等灵活多样的形式,加大对人民调解员进行业务培训的力度。

9. 丰富培训内容和形式。司法行政部门和人民调解员协会要根据本地和行业、专业领域矛盾纠纷特点设置培训课程,重点开展社会形势、法律政策、职业道德、专业知识和调解技能等方面的培训。创新培训方式和载体，采取集中授课、研讨交流、案例评析、实地考察、现场观摩、旁听庭审、实训演练等形式，提高培训的针对性、有效性。顺应“互联网+”发展趋势，建立完善人民调解员网络培训平台，推动信息技术与人民调解员培训深度融合。依托有条件的高校、培训机构开展培训工作，开发人民调解员培训课程和教材，建立完善人民调解员培训质量评估体系。

（五）加强对人民调解员的管理

10. 健全管理制度。人民调解委员会应当建立健全人民调解员聘用、学习、培训、考评、奖惩等各项管理制度，加强对人民调解员的日常管理。建立人民调解员名册制度，县（市、区）司法行政部门定期汇总人民调解员基本信息，及时向社会公开并通报人民法院，方便当事人选择和监督。建立岗位责任和绩效评价制度，完善评价指标体系。

11. 完善退出机制。人民调解员调解民间纠纷，应当坚持原则、明法析理、主持公道。对偏袒一方当事人，侮辱当事人，索取、收受财物或者牟取其他不正当利益，或泄露当事人的个人隐私、商业秘密的人民调解员，由其所在的人民调解委员会给予批评教育、责令改正；情节严重的，由推选或者聘任单位予以罢免或者解聘。对因违法违纪不适合继续从事调解工作；严重违反管理制度、怠于履行职责造成恶劣社会影响；不能胜任调解工作；因身体原因无法正常履职；自愿申请辞职的人民调解员，司法行政部门应及时督促推选或者聘任单位予以罢免或者解聘。

(六)积极动员社会力量参与人民调解工作

12.发动社会力量广泛参与。切实发挥村(居)民小组长、楼栋长、网格员的积极作用,推动在村(居)民小组、楼栋(院落)等建立纠纷信息员队伍,帮助了解社情民意,排查发现矛盾纠纷线索隐患。发展调解志愿者队伍,积极邀请“两代表一委员”(党代表、人大代表、政协委员)、“五老人员”(老党员、老干部、老教师、老知识分子、老政法干警)、专家学者、专业技术人员、城乡社区工作者、大学生村官等参与矛盾纠纷化解。充分发挥律师、公证员、司法鉴定人、基层法律服务工作者、法律援助工作者等司法行政系统资源优势,形成化解矛盾纠纷工作合力。

13.建立人民调解咨询专家库。县级以上司法行政部门可以根据调解纠纷需要,会同相关行业主管部门设立人民调解咨询专家库,由法学、心理学、社会工作和相关行业、专业领域的专业人员组成,相关专家负责向人民调解委员会提供专家咨询意见和调解建议。人民调解咨询专家库可以是包含多领域专业人才的区域性综合型专家库,也可以是某一特定行业、专业领域的专家库。

(七)强化对人民调解员的工作保障

14.落实人民调解员待遇。地方财政根据当地经济社会发展水平和财力状况,适当安排人民调解员补贴经费。人民调解员补贴经费的安排和发放应考虑调解员调解纠纷的数量、质量、难易程度、社会影响大小以及调解的规范化程度。补贴标准由县级以上司法行政部门商同级财政部门确定,明令禁止兼职取酬的人员,不得领取人民调解员补贴。对财政困难地区,省级要统筹现有资金渠道,加强人民调解工作经费保障。人民调解委员会设立单位和相关行业主管部门应依法为人民调解员开展工作提供场所、设施等办公条件和必要的工作经费。省(区、市)司法行政部门或人民调解员协会应通过报纸、网络等形式,每半年或一年向社会公开人民调解经费使用情况和工作开展情况,接受社会监督。

15. 通过政府购买服务推进人民调解工作。司法行政部门应当会同有关部门做好政府购买人民调解服务工作,完善购买方式和程序,积极培育人民调解员协会、相关行业协会等社会组织,鼓励其聘请专职人民调解员,积极参与承接政府购买人民调解服务。

16. 落实人民调解员抚恤政策。司法行政部门应及时了解掌握人民调解员需要救助的情况,协调落实相关政策待遇。符合条件的人民调解员因从事调解工作致伤致残,生活发生困难的,当地人民政府应当按照有关规定提供必要的医疗、生活救助;在人民调解工作岗位上因工作原因死亡的,其配偶、子女按照国家规定享受相应的抚恤等相关待遇。探索多种资金渠道为在调解工作中因工作原因死亡、伤残的人民调解员或其亲属提供帮扶。

17. 加强对人民调解员的人身保护。人民调解员依法调解民间纠纷,受到非法干涉、打击报复或者本人及其亲属人身财产安全受到威胁的,当地司法行政部门和人民调解员协会应当会同有关部门采取措施予以保护,维护其合法权益。探索建立人民调解员人身保障机制,鼓励人民调解委员会设立单位和人民调解员协会等为人民调解员购买人身意外伤害保险等。

10 人民调解委员会不受理哪些纠纷？

疑惑

甲某和乙某均持有 1951 年县政府颁发的相关土地证书，但双方均不能指认证书上显示的四至边界，双方因宅基地四至不清而对宅基地使用权归属产生纠纷。之后，双方在人民调解委员会主持下，对宅基地使用权归属签订了调解协议。没过多久，甲某向人民法院提出撤销调解协议的诉讼。经法院一审、二审后，终审法院认定土地所有权和使用权争议，由当事人协商解决，协商不成的，应由人民政府处理。根据《人民调解工作若干规定》第 22 条第 1 款第 1 项“人民调解委员会不得受理调解下列纠纷：(一)法律、法规规定只能由专门机关管辖处理的，或者法律、法规禁止采用民间调解方式解决的”的规定，最终支持了甲某撤销调解协议的请求。

解析

《人民调解工作若干规定》第 22 条规定：“人民调解委员会不得受理调解下列纠纷：

(一)法律、法规规定只能由专门机关管辖处理的，或者法律、法规禁止采用民间调解方式解决的；

(二)人民法院、公安机关或者其他行政机关已经受理或者解决的。”

在本案中，因《土地管理法》对土地使用权纠纷的处理方式已有规定，在当事人协商不成的情况下，双方所争议的宅基地使用权应由有关部门予以确认。因此，人民调解委员会不应受理该类纠纷，否则双方签订的调解协议书仍会因不具有法律效力而被撤销。

政策法律依据

《人民调解工作若干规定》第二十二条

《中华人民共和国土地管理法》

第十四条　土地所有权和使用权争议，由当事人协商解决；协商不成的，由人民政府处理。

单位之间的争议，由县级以上人民政府处理；个人之间、个人与单位之间的争议，由乡级人民政府或者县级以上人民政府处理。

当事人对有关人民政府的处理决定不服的，可以自接到处理决定通知之日起三十日内，向人民法院起诉。

在土地所有权和使用权争议解决前，任何一方不得改变土地利用现状。

《土地权属争议调查处理办法》

第九条　当事人发生土地权属争议，经协商不能解决的，可以依法向县级以上人民政府或者乡级人民政府提出处理申请，也可以依照本办法第五、六、七、八条的规定，向有关的国土资源行政主管部门提出调查处理申请。

CHAPTER

2

第二章

婚姻家庭纠纷的调解

11 孩子不随自己姓，可以不付抚养费吗？

疑惑

王某是家中独女，其在和陈某谈恋爱时王某父母便提出今后如果生育子女，孩子得随王姓，不然就不同意王某和陈某继续交往。陈某回应只要能和王某在一起，这都不算事儿。两人结婚后，王某生育一子。在王某要给孩子上户口时，却遭到了陈某的反对，并引发了双方家庭的矛盾。陈某认为，自己不是上门女婿，现在儿子不跟自己姓，会被亲朋好友笑话。王某家人则认为，孩子姓王是结婚前就约定好的，陈某出尔反尔纯属无理取闹。双方争执不下，本来生孩子的喜事，却闹得夫妻俩要离婚。陈某扬言，如果孩子不姓陈，他不仅要离婚，甚至连抚养费都不会付。

解析

按照社会风俗，子女一般跟随父姓，这代表了对父权的认可，也体现了对父族血缘的延续。但近年来，因冠姓权而发生纠纷的情况越来越多。在没有“入赘”的前提下，越来越多的女性提出，让孩子跟随母姓。《民法典》第 1015 条第 1 款规定“自然人应当随父姓或者母姓”，这意味着孩子既可以随父姓，也可以随母姓，法律并不对子女冠以何姓作强制干涉。当夫妻双方对冠姓权产生争议时,需要通过协商解决。

姓氏的选择不影响父母对子女所需承担的责任,无论孩子冠以何姓,父母都不得因子女变更姓氏而拒付子女抚养费。

政策法律依据

《中华人民共和国民法典》第一千零一十五条、第一千零五十条、第一千零七十九条

《最高人民法院关于适用〈中华人民共和国民法典〉婚姻家庭编的解释(一)》

第五十九条 父母不得因子女变更姓氏而拒付子女抚养费。父或者母擅自将子女姓氏改为继母或继父姓氏而引起纠纷的,应当责令恢复原姓氏。

12 胎儿是否享有继承权?

疑惑

老李的原配夫人因病去世,给老李留下一双儿女。寡居多年后,老李经人介绍与小红结成半路夫妻。婚后半年,老李在高速公路上遭遇车祸不幸身亡，而此时小红已怀有3个月身孕。之后，老李的父母、儿女与小红因遗产分割问题发生纠纷。

解析

小红与老李虽然是夫妻，但因双方结婚时间短，老李前半生所积累的大部分财产均是其婚前财产，小红并不因结婚而当然取得这些财产的共有权。在排除夫妻共同财产中归属于小红自身的财产后，剩余的归属于老李的财产（包括老李的婚前财产）由各继承人依法继承。

《继承法》（已失效）未规定胎儿的继承权，而是对胎儿的继承利益进行了保护，但《民法典》已经从法律上赋予了胎儿继承权。

《民法典》第1155条规定："遗产分割时，应当保留胎儿的继承份额。胎儿娩出时是死体的，保留的份额按照法定继承办理。"这意味着，胎儿出生是活体的，胎儿依法可以取得应当继承的遗产份额；胎儿出生时是活体之后死亡的，为胎儿保留的继承份额将作为胎儿的遗产由胎儿的继承人依法继承；胎儿出生时是死体的，其民事权利能力自始不存在，预留的份额由继承人依法继承。

政策法律依据

《中华人民共和国民法典》第一千零六十二条、第一千零六十三条、第一千一百五十五条

13 父母离婚，孩子由谁抚养？

疑惑

2019年10月，阮某和张某通过相亲认识，双方于年底结婚并于次年生育一子。阮某工作繁忙，在家时间较少，张某便辞去工作专心在家带娃。由于婚前双方缺乏充分了解，感情基础薄弱，双方的性格冲突日趋明显，尤其在家庭经济问题上，时常发生争执。

2022年年末，双方再次为家庭经济问题发生争执，张某不顾阮某反对，强行将儿子带回娘家，并始终不让男方家人看望孩子。无奈之下，阮某起诉离婚并就孩子抚养权与张某展开争夺。

解析

不满2周岁的孩子应以由母亲直接抚养为原则。在孩子已满2周岁的情况下，父母双方就孩子抚养权归属协商不成的，应按照最有利于未成年子女的原则解决抚养问题。孩子年幼时，需要父母多花时间陪伴。随着孩子年龄的增长，良好的经济条件则可以为孩子成长带来更多可能。经调解，阮某和张某已无和好可能，但双方都放不下孩子，也都不愿意因大人的过错而让孩子受更多的委屈。于是，双方同意轮流抚养孩子，在孩子上小学之前，由张某抚养，之后由阮某抚养。

政策法律依据

《中华人民共和国民法典》第一千零六十七条、第一千零八十四条第三款

《最高人民法院关于适用〈中华人民共和国民法典〉婚姻家庭编的解释(一)》

第四十四条　离婚案件涉及未成年子女抚养的,对不满两周岁的子女,按照民法典第一千零八十四条第三款规定的原则处理。母亲有下列情形之一,父亲请求直接抚养的,人民法院应予支持:

(一)患有久治不愈的传染性疾病或者其他严重疾病,子女不宜与其共同生活;

(二)有抚养条件不尽抚养义务,而父亲要求子女随其生活;

(三)因其他原因,子女确不宜随母亲生活。

第四十五条　父母双方协议不满两周岁子女由父亲直接抚养,并对子女健康成长无不利影响的,人民法院应予支持。

第四十六条　对已满两周岁的未成年子女,父母均要求直接抚养,一方有下列情形之一的,可予优先考虑:

(一)已做绝育手术或者因其他原因丧失生育能力;

(二)子女随其生活时间较长,改变生活环境对子女健康成长明显不利;

(三)无其他子女,而另一方有其他子女;

（四）子女随其生活，对子女成长有利，而另一方患有久治不愈的传染性疾病或者其他严重疾病，或者有其他不利于子女身心健康的情形，不宜与子女共同生活。

第四十七条 父母抚养子女的条件基本相同，双方均要求直接抚养子女，但子女单独随祖父母或者外祖父母共同生活多年，且祖父母或者外祖父母要求并且有能力帮助子女照顾孙子女或者外孙子女的，可以作为父或者母直接抚养子女的优先条件予以考虑。

第四十八条 在有利于保护子女利益的前提下，父母双方协议轮流直接抚养子女的，人民法院应予支持。

14 父母送给儿子的安置房，儿媳有份吗？

疑惑

朱某与张某于2012年结婚，婚后生有两个儿子。两人的婚房是朱某父母因拆迁而获得的安置房，一家三代均居住在内。该安置房产权证领取时间为2013年，产权人为朱某。2022年，因张某与异性朋友交往甚密，夫妻俩时常爆发争吵。在朱某与张某的异性朋友发生过一次正面冲突后，张某提出离婚诉讼，要求分割安置房。朱某认为房子是父亲送给自己一个人的，虽然产权证领取时间是在结婚之后，但张某并不享有房产份额。

解析

《民法典》第 1063 条第 3 项规定，遗嘱或者赠与合同中确定只归一方的财产为夫妻一方的个人财产。在现实生活中，父母很少会在将财产赠与子女时单独草拟赠与合同。在此情形下，可以通过不动产登记情况来判断，父母是将财产赠与一方还是夫妻双方。如果一方父母出资的房产，产权登记在出资方子女一人名下，应当认定为对子女单独的赠与。

在本案中，张某虽然不享有对房产的份额，但考虑到双方之间还有其他财产纠纷以及共同抚养子女的需要。经调解，双方同意将争议房产的产权变更为两个孩子共同共有。为了保障朱某父母的居住权益，还在争议房产上设置了居住权，两位老人可以在房屋内一直居住到老。

政策法律依据

《中华人民共和国民法典》第三百六十六条、第三百六十七条、第一千零六十三条

15 如何面对家庭暴力问题？

疑惑

陈某热衷网购，对于某品牌的新品总有忍不住要购买的欲望。陈某的丈夫金某多次好言相劝，希望陈某勤俭持家，不要再购买不实用的东西。陈某口头答应，但在该品牌推出促销活动后，还是未经金某允许就使用金某的信用卡消费了数万元。金某回家后与陈某大吵一架，见陈某执迷不悟便动了手，陈某逃出家后报了警。

解析

夫妻之间应当互相尊重，互相关爱。无论夫妻之间发生何种纠纷，都不应该实施家庭暴力。国家禁止任何形式的家庭暴力。人民调解员就金某的施暴行为进行了严厉的批评及道德谴责，并告知根据《反家庭暴力法》，实施家庭暴力，构成违反治安管理的，会被给予治安管理处罚。构成犯罪的，会被依法追究刑事责任。调解员的宣讲对金某起到了很好的威慑作用，而陈某自知自己也有过错，便开始为金某求情，坦言自己乱花钱不对，给家人添了乱。夫妻俩最终互相道歉，握手言和。

公安机关的积极介入对家庭暴力行为起到了及时劝阻的作用，

也为人民调解增加了震慑力。随着《反家庭暴力法》《最高人民法院关于办理人身安全保护令案件适用法律若干问题的规定》等法律法规的出台，越来越多的受害人开始学会用法律武器保护自己的权益。

政策法律依据

《中华人民共和国民法典》第一千零四十二条

《中华人民共和国反家庭暴力法》

第三条　家庭成员之间应当互相帮助，互相关爱，和睦相处，履行家庭义务。

反家庭暴力是国家、社会和每个家庭的共同责任。

国家禁止任何形式的家庭暴力。

第十六条　家庭暴力情节较轻，依法不给予治安管理处罚的，由公安机关对加害人给予批评教育或者出具告诫书。

告诫书应当包括加害人的身份信息、家庭暴力的事实陈述、禁止加害人实施家庭暴力等内容。

第三十三条　加害人实施家庭暴力，构成违反治安管理行为的，依法给予治安管理处罚；构成犯罪的，依法追究刑事责任。

16 丈夫送给情人的财物能要回来吗?

疑惑

高某和王某于2006年结婚,两人出身贫苦,到外地打过工、卖过菜、办过厂,辛苦奋斗十余年,积累了一定的财富。倪某与王某是老乡,二人在同乡会结识后,倪某明知王某有家庭,仍与其发展成不正当男女关系。2020年,倪某与王某因感情发生争执,事情闹到派出所,高某才发现自己的丈夫多年来一直与倪某有不正当男女关系,并曾赠与大量款项。高某提出要倪某返还王某赠与的财物,倪某则坚称自己和王某只是生意伙伴,虽然收过王某钱财,但不过是生意上的往来款。

解析

倪某和王某在人民调解委员会留档的调解书显示,其自认自己和王某是男女朋友关系,现已分手。在证据面前,倪某称自己和王某只是生意伙伴的抗辩难以成立。《民法典》第153条第2款规定:“违背公序良俗的民事法律行为无效。”王某在与高某婚姻关系存续期间,未经高某同意,将大额财产通过银行、微信转账等方式赠与与其有不正当男女关系的倪某,该行为违背公序良俗。

倪某在了解法律规定及司法判例之后，深知与高某日后对簿公堂将会败诉，还不如了却纠纷，便与高某、王某达成调解，返还了财产。

政策法律依据

《中华人民共和国民法典》第一百五十三条第二款、第六百五十七条

17 领证前解除婚约，彩礼需要退还吗？

疑惑

金某和陈某通过相亲认识，两人于 2022 年 1 月订婚并开始同居。同居期间，陈某发现金某存在性功能障碍，不能过夫妻生活，考虑到双方已订婚，便鼓励金某积极就医。但经多番治疗，金某的身体仍未有起色。在此情形下，陈某的父母不再同意陈某和金某领取结婚证，要求解除婚约。金某同意解除婚约，但要求陈某返还彩礼 18.8 万元。陈某父母认为，双方虽未领证，但按风俗已经成婚，陈某今后再嫁就只能算二婚，18.8 万元要用以补偿陈某。双方遂就彩礼返还问题产生纠纷。

解析

根据《最高人民法院关于适用〈中华人民共和国民法典〉婚姻家庭编的解释(一)》第5条第1款第1项的规定,双方未办理结婚登记手续的,当事人请求返还按照习俗给付的彩礼的,人民法院应当予以支持。在司法实践中,对于未办理婚姻登记的情况,法院会以同居时间长短作为返还彩礼额度的尺度。

鉴于本案属于双方当事人未办理结婚登记且已经共同生活的情形,全部退还或者全部不退还都无法平衡双方利益。故经调解,双方同意就返还部分彩礼达成协议。

政策法律依据

《最高人民法院关于适用〈中华人民共和国民法典〉婚姻家庭编的解释(一)》

第五条 当事人请求返还按照习俗给付的彩礼的,如果查明属于以下情形,人民法院应当予以支持:

(一)双方未办理结婚登记手续;

(二)双方办理结婚登记手续但确未共同生活;

(三)婚前给付并导致给付人生活困难。

适用前款第二项、第三项的规定,应当以双方离婚为条件。

18 子女推责，老人该如何赡养？

疑惑

老王有两个儿子，都已成家且不和老王住在一起。多年来，老王一直独居在乡下的房子里。后因老房子年久失修，老王便提出要到两个儿子家里轮流住。两兄弟经商量决定：老王以后都在大哥家住，由大哥赡养，老王的全部财产也由大哥继承。多年后，老王的老房子拆迁获得几十万元安置款。老王见小儿子生意失败欠了外债就将安置款给了小儿子还债。大儿子得知父亲将安置款全部给了弟弟后便不同意继续赡养父亲，赌气之下把老王关在门外。而老王的小儿子早已家徒四壁，没有能力赡养父亲。老王一时成了没人要的包袱，被两个儿子互相推脱，老王只好来到司法所求助。

解析

家产分配不公是导致赡养纠纷的主要原因之一。老年人将全部财产都交给子女，不为自己留有后路，导致老年人生活只能仰仗子女供养。一旦子女对老年人财产分配有争议，就会引发赡养问题上的矛盾。在这类案件中，要结合情理、法理对当事人做调解工作。一方面要以情动人，唤醒子女对父母的养育恩情。另一方面要以理服人，告知子女对父母有赡养、扶助和保护的法定义务。子女不得以放弃继承权或其他理由，拒绝履行赡养义务。在赡养纠纷中，亲朋好友、乡里乡亲的舆论压力也能促进调解。

本案中，老王的大儿子在调解员的开解下，认识到了自己将父亲拒之门外的错误，将老王带回了家。老王的小儿子也同意共同赡养老王，承担老王的部分赡养费用。

政策法律依据

《中华人民共和国民法典》第二十六条第二款、第一千零六十七条第二款

《中华人民共和国老年人权益保障法》

第十四条　赡养人应当履行对老年人经济上供养、生活上照料和精神上慰藉的义务，照顾老年人的特殊需要。

赡养人是指老年人的子女以及其他依法负有赡养义务的人。

赡养人的配偶应当协助赡养人履行赡养义务。

第十六条　赡养人应当妥善安排老年人的住房，不得强迫老年人居住或者迁居条件低劣的房屋。

老年人自有的或者承租的住房，子女或者其他亲属不得侵占，不得擅自改变产权关系或者租赁关系。

老年人自有的住房，赡养人有维修的义务。

第十九条　赡养人不得以放弃继承权或者其他理由，拒绝履行赡养义务。

赡养人不履行赡养义务，老年人有要求赡养人付给赡养费等权利。

赡养人不得要求老年人承担力不能及的劳动。

19 代书遗嘱怎么写才有效？

疑惑

老江在2000年时通过法律工作者王某制作了一份遗嘱，遗嘱打印部分载明老江百年之后，自己的房产由儿子江大继承。落款时间为2000年1月5日。王某未亲笔签字而是用自己的印章在遗嘱上盖了章。老江的两个朋友老李、老金作为见证人在遗嘱上签了字。

老江于2021年过世，老江的女儿江某红认为该份遗嘱无效，要和江大一起继承老江的房产。为此，双方发生纠纷。

解析

调解员介入后，通过背对背调解做了双方的工作。调解员先是请来老李、老金，告知江某红遗嘱内容确系老江的真实意思表示。如今老江刚过世，江某红如果不顾亲情就要和兄弟打官司，会诱发不好的社会舆论，到时候赢了官司输了情面。调解员又给江大普法。《民法典》对代书遗嘱的形式要件作了明确规定，代书遗嘱应当有两个以上见证人在场见证，由其中一人代书，并由遗嘱人、代书人和其他见证人签名，注明年、月、日。现该遗嘱不符合法律要求，如果通过诉讼解决纠纷，江大要承担极大的败诉风险。最终双方在调解员的劝解下，达成了房产由江大继承，江大补偿江某红10万元的调解方案。

政策法律依据

《中华人民共和国民法典》第一千一百二十三条、第一千一百三十五条、第一千一百四十条

20 非婚生子女是否享有继承权？

疑惑

陈某已婚，但妻子无法生育。陈某一直想要个孩子，便瞒着妻子和刘某生下一个儿子。2022年年初，陈某因病去世未留下遗嘱。刘某闻讯，便和儿子找到陈妻，提出两人要参与继承。陈妻气急，对其二人大打出手。刘某报警后，双方均被带到派出所。刘某哭诉自己与陈某相识20多年，虽然没有和陈某领取结婚证，但实际上就是夫妻关系，提出陈某也曾承诺要将财产都留给自己和儿子。陈妻则认为刘某的行为没有道德，刘某和私生子没有权利分走她家一分钱。

解析

刘某与陈某系婚外情关系，现陈某死亡，刘某不是陈某的法定继承人，无权对陈某的财产予以继承。刘某与陈某的儿子虽然是非婚生子，但非婚生子女享有与婚生子女同等的权利，因此刘某的儿子可以继承陈某的财产。调解员在对双方情绪做好安抚之后，向陈妻解释了非婚生子的法律地位，告知法律规定非婚生子的权益不得被危害和歧视。也向刘某告知陈某的财产与陈妻共同共有，属于陈妻的财产，不在继承范围之内。属于陈某的财产由各继承人依法继承。此外，调解员还告知刘某其与陈某发展婚外情关系违反公序良俗，陈妻有权利向其追讨陈某曾经赠与她的财物。最终，双方在调解员的主持下就财产继承问题达成了和解协议。

政策法律依据

《中华人民共和国民法典》第一百五十三条第二款、第六百五十七条、第一千零七十一条、第一千一百二十七条

CHAPTER

3

第三章

合同纠纷的调解

21 房屋买卖双方发生纠纷，中介费还要付吗？

疑惑

2021年10月底，金某拟出售自己名下的一套房屋，便和甲中介公司签订了《房屋出售居间委托协议》，该协议约定居间人促成合同成立的，委托人应当按照约定支付报酬，居间服务报酬金额为出售价格的1%。委托人成功签订房屋买卖合同后，因一方违约造成合同不能履行或买卖双方自行协商解除合同的，委托人仍需按约支付服务费。

2021年11月1日，甲中介公司促成金某和陈某的房屋交易，金某和陈某签订了《房屋买卖合同》。但在合同履行过程中，陈某夫妻因刑事犯罪而被羁押，无法支付剩余购房款，导致金某只能通过诉讼解除房屋买卖合同。金某和陈某的官司打完后，甲中介公司遂提出金某需支付服务费。金某认为甲中介公司未尽职服务导致其卖个房子还要打官司，拒绝支付服务费。

解析

居间合同，是指居间人向委托人报告订立合同的机会或者提供订立合同的媒介服务,委托人支付报酬的合同。而居间成功的标准是买卖双方签订了合同,至于签订合同后,买卖是否确定成交,不影响中介依据合同取得报酬。除非中介在促成合同订立时存在隐瞒重要事实或者提供虚假信息的情况,委托人才有权拒付报酬。经调解员了解,本案房屋买卖最终未成系买方单方的责任,甲中介公司不存在过错。但考虑到中介服务不仅包括合同的订立,还包括后续房屋过户、交接等内容,现房屋买卖合同解除,中介后续要承担的工作量减少。故在调解员的调解下,金某和甲中介公司达成了减免部分中介费用的协议。

政策法律依据

《中华人民共和国民法典》第九百六十一条、第九百六十三条

22 房屋买卖未过户,拆迁款归谁?

疑惑

2000年,陈某将自己宅基地上的自建房屋出卖给张某,因张某是外村人,无法办理房屋过户手续。2019年,该房屋被纳入拆迁范围。在街道组织签订拆迁补偿协议时,陈某提出张某作为外村人无权购买自己的房屋,双方之间的买卖合同无效,自己愿意退还张某当年的购房款,拆迁款应由其享有。张某则认为陈某将房屋出售近20年,从未提出异议,现在房屋拆迁了却要补偿款有违诚信。双方争议不下,便由街道拆迁办主持调解。

解析

宅基地上的房屋只能在本集体经济组织内流转,陈某与张某签订的房屋买卖合同因违反法律的强制性规定,应属无效。调解员向双方介绍了最高人民法院的判例,在房屋买卖有效的情况下,房屋出售后即便买方未办理过户手续,拆迁款也要归买方所有。现在张某因不是本村村民,向陈某购买房屋的行为大概率会被法院判决无效。但合同无效也不意味着拆迁款就归陈某。根据《民法典》第157条的规定,“民事法律行为无效、被撤销或者确定不发生效力后,行为人因该行为取得的财产,应当予以返还;不能返还或者没有必要返还的,应当折价补偿。有过错的一方应当赔偿对方由此所受到的损失;各方都有过错的,应当各自承担相应的责任。法律另有规定的,依照其规定”。本案中,陈某作为出卖方明知自己的房屋不能卖给外村人,在出售近20年后又提出合同无效,应对合同无效承担主要责任。因涉及的拆迁款金额较大,如果通过诉讼解决,还要有诉讼费、律师费等支出,最终双方通过调解就拆迁利益进行了分配。

政策法律依据

《中华人民共和国民法典》第一百五十三条、第一百五十七条

《中华人民共和国土地管理法》

第九条 城市市区的土地属于国家所有。

农村和城市郊区的土地,除由法律规定属于国家所有的以外,属于农民集体所有;宅基地和自留地、自留山,属于农民集体所有。

第六十二条 农村村民一户只能拥有一处宅基地,其宅基地的面积不得超过省、自治区、直辖市规定的标准。

人均土地少、不能保障一户拥有一处宅基地的地区,县级人民政府在充分尊重农村村民意愿的基础上,可以采取措施,按照省、自治区、直辖市规定的标准保障农村村民实现户有所居。

农村村民建住宅,应当符合乡(镇)土地利用总体规划、村庄规划,不得占用永久基本农田,并尽量使用原有的宅基地和村内空闲地。编制乡(镇)土地利用总体规划、村庄规划应当统筹并合理安排宅基地用地,改善农村村民居住环境和条件。

农村村民住宅用地,由乡(镇)人民政府审核批准;其中,涉及占用农用地的,依照本法第四十四条的规定办理审批手续。

农村村民出卖、出租、赠与住宅后,再申请宅基地的,不予批准。

国家允许进城落户的农村村民依法自愿有偿退出宅基地,鼓励农村集体经济组织及其成员盘活利用闲置宅基地和闲置住宅。

国务院农业农村主管部门负责全国农村宅基地改革和管理有关

工作。

《中华人民共和国土地管理法实施条例》

第三十五条　国家允许进城落户的农村村民依法自愿有偿退出宅基地。乡(镇)人民政府和农村集体经济组织、村民委员会等应当将退出的宅基地优先用于保障该农村集体经济组织成员的宅基地需求。

第三十六条　依法取得的宅基地和宅基地上的农村村民住宅及其附属设施受法律保护。

禁止违背农村村民意愿强制流转宅基地,禁止违法收回农村村民依法取得的宅基地,禁止以退出宅基地作为农村村民进城落户的条件,禁止强迫农村村民搬迁退出宅基地。

23 承租人未交租金,出租人可以要求次承租人腾空房屋吗?

疑惑

2021年4月1日,杨某将自己的房屋出租给刘某用于公司经营,双方签订《房屋租赁协议》,约定租金每年40万元,租金半年一付,先付后用,承租人未经出租人同意不得转租,否则出租人有权解除租赁协议。刘某支付第一期租金后,未按期支付后续租金。杨某见刘某违约便有意解除租赁协议,在与刘某交涉期间,发现刘某并未将房屋用于公司经营场所,而是将房屋转租给了钱某,现在房屋也由钱某实际占有使用。杨某要求钱某腾空房屋,钱某抗辩自己已将租金支付给刘某,有权继续使用房屋。

解析

承租人未经出租人同意转租的,出租人可以解除合同。据此,杨某有权解除房屋租赁合同。合同解除后,尚未履行的,终止履行;已经履行的,根据履行情况和合同性质,当事人可以请求恢复原状或者采取其他补救措施,并有权请求赔偿损失。故钱某对房屋负有腾空义务,且杨某有权要求负有腾房义务的钱某支付逾期腾房占有使用费。

鉴于杨某的第一诉求是获取租金,钱某的第一诉求是继续使用房屋。双方在调解员调解下达成协议:房屋由钱某继续使用,杨某为钱某减免部分租金。

政策法律依据

《中华人民共和国民法典》第五百六十六条、第七百一十六条、第七百一十九条、第七百二十二条

24 民间借贷还款，还掉的先是利息还是本金？

疑惑

2000年1月，蔡某向林某借款100万元，约定月利率2%。蔡某于2001年1月向林某支付50万元后未再还款。多年后，林某向蔡某催讨借款本金74万元及利息，蔡某则认为自己所欠本金仅为50万元。双方为此前往人民调解委员会进行调解。

解析

《民法典》第561条规定："债务人在履行主债务外还应当支付利息和实现债权的有关费用，其给付不足以清偿全部债务的，除当事人另有约定外，应当按照下列顺序履行：(一)实现债权的有关费用；(二)利息；(三)主债务。"考虑到本案当事人双方未就偿还的50万元性质作过约定，因此该款项应先用于偿还利息。50万元中有24万元用于支付上一年度利息，剩余26万元用于偿还借款本金，故蔡某还有74万元本金未偿还。蔡某在得知法律规定之后便积极与林某调解，最终林某同意就借款本息予以减免，由蔡某通过分期还款的方式清偿债务。

政策法律依据

《中华人民共和国民法典》第五百六十一条

25 债权人免除债务后反悔，债务人要还钱吗？

疑惑

小陈和小李是闺蜜，小陈因做生意需要向小李借款10万元。后小陈生意失败，便向小李提出自己能否还8万元了结债务。小李同意后，双方一起到银行办理转账汇款，并邀请两个人的朋友张某到场见证。小李将“借条”交给张某并经其确认是原件后，小陈在柜台向小李转账8万元。之后，张某将“借条”交给小陈。

后来小李、小陈关系恶化，小李便拿出小陈当年写的“借条”要起诉小陈归还剩余的2万元，此时小陈才知道当年收到的“借条”是个相似度极高的复印件。双方为此发生纠纷。

解析

这起纠纷的争议焦点在于借贷双方是否已达成打折还款的协议。从两人共同好友到场见证，并在确认“借条”是原件后交给债务人的情况来看，如果双方没有达成打折还款的协议，债务人自行转账还款即可，债权人也无须到银行柜台交付“借条”，两人好友也无须见证。由此可以推断小李确实曾免除过小陈的债务。而法律规定，债权人免除债务人部分债务的，债权债务部分终止。免除债务的行为不可撤销，在调解员的劝导下，小李认识到自己出尔反尔有违诚信，承诺将不再纠缠小陈。

政策法律依据

《中华人民共和国民法典》第五百五十七条、第五百七十五条

26 送给前女友的礼物还能要回来吗？

疑惑

王某与潘某原系男女朋友。两人相恋数年，每年情人节王某都会赠送潘某贵重礼品，其中不乏黄金首饰、名表等。后潘某以两人性格不合为由向王某提出分手。分手时，王某便要求潘某返还多年来赠送的礼物。潘某认为自己陪伴王某多年，王某只肯谈恋爱不肯结婚耽误了自己的青春，自己没向王某索要青春损失费已经仁至义尽，没想到王某反而倒打一耙。双方为此吵闹动手，并在朋友报警后被带至派出所。

解析

除非赠与合同经过公证或者属于法律规定的其他不得撤销的情形，否则赠与人在将财产转移给受赠人之后，不可撤销赠与。

男女双方恋爱时赠送礼物，有些会以简单培养感情为目的，有些会以要与之结婚作为前提条件。本案中，王某赠送礼物并不以结婚为前提，那其要求潘某返还恋爱期间所获得的礼物就缺乏法律依据。经过调解员的安抚和普法后，王某向潘某承认了错误，两人也认识到了多年相爱不易，最终和好如初。

政策法律依据

《中华人民共和国民法典》第六百五十七条、第六百五十八条、第六百六十一条、第六百六十三条

27 孩子偷用家长手机“打赏”，钱能否要回？

疑惑

张某女儿张某甲8周岁，上小学2年级，平时会用奶奶的手机上网课、做作业。2021年3月，张某在检查张某甲在线作业时发现十几条消费提醒短信，显示前一晚消费了8万余元。经询问，张某甲承认在两个知名直播软件甲平台、乙平台注册账号，并不时给主播点赞“打赏”。张某随即联系了两个平台客服，乙平台退回3万余元，但甲平台拒绝退款，并与张某产生纠纷，张某遂向某镇人民调解委员会申请调解。

解析

《民法典》第19条规定：“八周岁以上的未成年人为限制民事行为能力人，实施民事法律行为由其法定代理人代理或者经其法定代理人同意、追认；但是，可以独立实施纯获利益的民事法律行为或者与其年龄、智力相适应的民事法律行为。”张某甲作为限制民事行为能力人，消费数万元用于主播打赏的行为必须经过其法定代理人同意、追认。在打赏行为确系张某甲个人所为的情况下，甲平台应退回“打赏”。最终在调解员的调解下，甲平台同意退款。

政策法律依据

《中华人民共和国民法典》第十九条、第一百四十五条

28 交门卫保管的自行车被偷，门卫要赔偿吗？

疑惑

小方喜欢骑行，买了一辆配置高档的捷安特自行车。平时他骑车结束都会将自行车推回家中保管。一天早上，他刚把车骑出去就接到电话说母亲住院，要其赶紧去看望。他便把车交给小区门卫张大爷，嘱咐张大爷保管好自己的自行车。张大爷很热心，让他快去医院，说把自行车放门卫室边上很安全，自己会替他保管。小方走后，张大爷将车锁在了门卫室门口的铁栅栏上。没想到，傍晚时张大爷出去巡逻回来，发现自行车已经被偷了。晚上小方回到小区，得知自己的自行车被偷，便要求张大爷赔偿。张大爷觉得自己特地把车锁上，好心帮忙，现在反而被小方索赔，很是无辜。双方协商不成，便一起来到司法所。

解析

小方将自行车交给张大爷保管，双方形成的是保管合同关系。张大爷无偿保管自行车，除非张大爷存在故意或者重大过失导致自行车丢失，否则张大爷不用承担赔偿责任。从张大爷将自行车挪到门卫室门口，还特地用锁的行为可以看出，张大爷对保管一事很尽心。如今小方要求张大爷赔车缺乏法律依据。在调解员向小方普法之后，小方也认识到自己向张大爷索赔没有道理，不仅放弃了索赔要求，还向张大爷道了歉。

政策法律依据

《中华人民共和国民法典》第八百八十九条、第八百九十七条

29 违约金的约定比例有上限吗?

疑惑

陈某经营钢管租赁生意,因需要存放钢管而向林某租赁厂房,双方签订《房屋租赁协议》,约定租金180万元/年,林某需于2021年6月1日前将厂房交付给陈某,若林某未按期交付,每延期一日按年租金的5‰赔付违约金。后林某因故未按约交付,直至2021年9月1日才交付厂房。陈某要求林某支付3个月的违约金81万元。林某认为违约金过高,向陈某表示愿意为其顺延租期。双方协商不下,遂由人民调解委员会介入调解。

解析

《房屋租赁协议》就违约责任的承担方式作出了明确约定,陈某按照协议条款要求林某支付违约金本身没有问题。林某延期交付房屋,只愿意顺延租期却不愿承担违约金,显然不符合协议条款。

不过协议约定的违约金计算标准确实存在过高的情形,调解员向陈某解释了,如果约定的违约金过分高于造成的损失,即便是打官司,人民法院也会对违约金予以适当减少。最终双方同意按照每月租金的标准计算违约金,林某向陈某支付了45万元违约金。

政策法律依据

《中华人民共和国民法典》第一百七十九条、第五百八十四条、第五百八十五条

30 收定金的一方违约，要按几倍返还定金？

疑惑

夏先生向甲车行定购了一台汽车，如今早已过了交车时间，但甲车行迟迟未交付车辆。夏先生多次与甲车行沟通，甲车行解释延迟交车是由于全球芯片短缺，国内订单火爆，厂家配额减少造成。夏先生见交车时间无法确定，便要求与甲车行解除购买合同，要求甲车行双倍返还定金。而甲车行却拿出订车合约，表示合约中注明了“若未按期交车，定金可退，双方无责”，只愿意将定金退还。故双方就定金是否该双倍返还发生争议。

解析

合约上已经注明“定金”二字,就应当适用定金罚则。如果车到了,消费者要取消订单解除合同的,商家肯定会没收定金。在运用定金罚则时,双方应该要权利义务对等。不能对买家严格要求定金罚则的没收规定,对卖家就排除自身义务。除非当时卖家非常明确地让买家放弃过对另一倍定金的追索。否则在双方对条款理解有歧义的情况下,还是应当按照通常的定金罚则去理解。甲车行经调解仍不同意双倍返还定金,但给出了可以优先让夏先生提车的方案,夏先生同意该方案,故本案顺利调解结案。

政策法律依据

《中华人民共和国民法典》第五百八十六条、第五百八十七条

CHAPTER

4

第四章

侵权责任纠纷的调解

31 逗别人家的狗被咬伤，得自认倒霉吗？

疑惑

老郭养了只小狗,没事儿就会带狗出去遛弯。一日,老郭带着狗出去散步,发现公园里没什么人就解开了小狗的牵引绳,让狗自由地在公园里玩耍。小王很喜欢狗,路过公园时看到老郭家的狗很漂亮,就忍不住上前想去摸两下。没想到,小狗拒绝小王抚摸自己,一回头咬了小王。小王被咬后找到老郭理论,说被狗咬了要打狂犬疫苗,这钱得老郭出。老郭认为如果不是小王去逗狗,狗也不会袭击他,这责任得小王自己承担。双方就赔偿问题协商不下,便通过人民调解委员会调解。

解析

如果不是小王主动逗狗,狗就不会咬人,很显然小王对损害结果的发生存在过错。从这个角度来看,老郭的说法似乎没有问题。但需要注意的是,犬只饲养人在携带犬只外出时,有给犬只系绳的义务,无论狗的体型大小,性格好坏。老郭未按照规定对小狗采取安全措施,只能减轻责任,而不能免除责任。在调解员的介入下,小王和老郭平摊了疫苗费用。

政策法律依据

《中华人民共和国民法典》第一千二百四十五条、第一千二百四十六条

《中华人民共和国动物防疫法》

第三十条 单位和个人饲养犬只，应当按照规定定期免疫接种狂犬病疫苗，凭动物诊疗机构出具的免疫证明向所在地养犬登记机关申请登记。

携带犬只出户的，应当按照规定佩戴犬牌并采取系犬绳等措施，防止犬只伤人、疫病传播。

街道办事处、乡级人民政府组织协调居民委员会、村民委员会，做好本辖区流浪犬、猫的控制和处置，防止疫病传播。

县级人民政府和乡级人民政府、街道办事处应当结合本地实际，做好农村地区饲养犬只的防疫管理工作。

饲养犬只防疫管理的具体办法，由省、自治区、直辖市制定。

32 在超市滑倒受伤，超市要付全责吗？

疑惑

甲超市每天早上10时开门营业。2022年3月2日早上10时5分，超市员工还在给部分货品上架，从货品上拆下来的大量透明塑料袋散落在地上未清理。此时，蔡某急匆匆跑到超市买东西，在路过这个地方时因为踩到塑料袋而滑倒受伤。之后蔡某被送往医院治疗，经诊断左腿小腿骨折，花费医疗费数千元。蔡某认为超市在地面上放置透明塑料袋，没有对顾客尽到提醒义务，超市不仅要赔付其医疗费，还得赔付其误工费、营养费、护理费等。超市则认为，地上有大量的塑料袋，正常人路过都能看见并避让。蔡某故意放着旁边空路不走却踩在塑料袋上，其对损害结果发生存在重大过错。双方为哪方应付主要责任发生争议，遂申请调解。

解析

超市要不要承担侵权责任，得看其是否尽到了安全保障义务。超市10时开门营业，应当在营业之前就整理好货架，对超市内地面做好清理。本案中，超市上货时未在货架周围放置警示标志，放任塑料袋在地上堆放，没有采取安全防护措施，超市的不作为与损害结果之间有直接的因果关系。据此,超市应当负主要责任。而蔡某作为消费者,也有安全注意义务。其作为具有完全民事行为能力的成年人,明知前方有大量塑料袋,仍然踩踏塑料袋,对损害结果的发生负次要责任。经调解,超市同意对蔡某的医药费全部负责,蔡某放弃对其他费用的索赔。

政策法律依据

《中华人民共和国民法典》第一千一百九十八条

《中华人民共和国消费者权益保护法》

第七条 消费者在购买、使用商品和接受服务时享有人身、财产安全不受损害的权利。

消费者有权要求经营者提供的商品和服务,符合保障人身、财产安全的要求。

33 车在车库被水淹,物业公司要赔吗?

疑惑

2020年8月初,受台风"黑格比"影响,温州地区大雨倾盆,部分低洼地区发生大面积积水和内涝。王女士所在的小区地下室雨水倒灌，其停放在地下室的宝马车被水淹了半个车身。台风过后，王女士联系物业公司向其索赔。物业公司则拿出曾通知王女士移车的微信记录，以及物业公司在地下室门口堆放大量沙包的照片，以此证明物业已尽到义务，无须向王女士赔付。物业公司还提出王女士的车有保险，保险公司会对车损进行理赔，王女士应该找保险公司而不应该找物业。双方无法就物业要不要赔钱，该赔多少钱达成一致意见，遂申请调解。

解析

物业公司在其服务区域内应保护业主的人身、财产安全，因此物业公司对放置于地下室的业主车辆有管理义务。台风天来袭，物业公司如果已穷尽力量保护财产安全，只因不可抗力的影响过大导致损失不可避免的发生，那么物业公司无须对损害结果承担责任。经调解员核实，王女士之所以没移车是因为当时她人在外地出差，且其车辆已经获得保险公司理赔。王女士之所以仍对物业公司提出索赔是因为其对物业公司之前服务存在不满。在此情况下，调解员通过劝导王女士，最终让其放弃了向物业公司索赔的要求。

政策法律依据

《中华人民共和国民法典》第八百九十七条、第九百四十二条

34 大风天外出被广告牌砸伤，谁来赔？

疑惑

甲理发店为了推广促销,在门口放了一个立式广告牌,广告牌为塑料空心材质,宽约1.5米,长约2米。2022年10月的一天下午,狂风大作,广告牌被大风吹倒,恰好砸中了途经该处的倪某。幸好倪某被好心群众及时救出送往医院救治,经诊疗,倪某无生命危险,仅是头皮擦伤。出院后的倪某便向甲理发店提出索赔,甲理发店认为自己交代广告公司制作广告牌,广告牌本身没有安全问题,倪某的遭遇虽然值得同情,但大风天作怪不应由其承担赔偿结果。双方发生纠纷,遂申请调解。

解析

根据《民法典》第1253条的规定,“建筑物、构筑物或者其他设施及其搁置物、悬挂物发生脱落、坠落造成他人损害,所有人、管理人或者使用人不能证明自己没有过错的,应当承担侵权责任。所有人、管理人或者使用人赔偿后,有其他责任人的,有权向其他责任人追偿”。甲理发店是广告牌的所有人、使用人、管理人,应对广告牌承担维护、管理义务。在大风天来袭时,甲理发店没有对广告牌采取加固措施,最终导致广告牌伤人事件的发生,应承担侵权责任。甲理发店自知理亏,最终向倪某进行了赔偿。

政策法律依据

《中华人民共和国民法典》第一千二百五十三条

35 搭便车受伤，车主要赔吗?

疑惑

喝过酒的苏某开车途经罗山大道时,看到同村的吴某在打车便邀吴某上车。回村途中,苏某驾驶的车辆车头碰撞路边电线杆,造成吴某受伤。之后交警大队对该起交通事故作出认定,认定苏某承担事故的全部责任。另查,苏某的车辆为其父亲苏某甲所有。因苏某酒后驾车,保险公司拒绝对本次事故予以理赔。苏某因危险驾驶被刑拘,吴某便找到苏某甲让其赔偿。苏某甲认为是吴某自己要坐车,后果应该由吴某自己承担。双方争执不下,遂来到人民调解委员会。

解析

驾驶员出于友情帮助而允许他人免费搭车的行为属于好意同乘,好意同乘适用过错责任的归责原则。一般情况下,好意同乘可以作为司机的减责事由,但本案中,苏某酒后驾驶,因此苏某不能减责。而苏某的父亲苏某甲,并不对损害结果的发生存在过错,故而无须赔偿。现苏某被刑拘无法就侵权纠纷做调解,吴某要求苏某甲赔偿缺乏法律依据。故吴某在听取调解员的意见后,同意不再向苏某甲主张权利,转而通过诉讼向苏某索赔。

政策法律依据

《中华人民共和国民法典》第六条、第一千一百六十五条、第一千二百零九条、第一千二百一十七条

36 自家失火殃及邻居，损失怎么赔？

疑惑

秦某和林某是邻居,分别住在大院的两侧。秦某在大院的东侧搭了个小仓库用于堆放杂物，林某在大院的西侧设置了一个临时充电站给自己的电动车充电。一日充电站的电线突然着火，火星引起秦某的小仓库起火，消防队赶来救火，救援的水淋到了秦某家里，把秦某家里的名贵茶叶给淋坏了。事后，秦某要求林某赔偿仓库及茶叶损失。林某只同意赔偿部分仓库损失，认为茶叶是消防员淋坏的，不应由自己赔偿。双方就赔偿金额协商不下，遂申请调解。

解析

林某私拉电线造成火灾，其应承担侵权责任是毫无疑问的。但秦某搭建小仓库，未经规划审批，没有使用防火建材也造成了损失扩大。因此，在对仓库进行赔偿时，应适当减轻林某责任。至于茶叶损失，在灭火过程中造成的财物损失，消防员无须担责。茶叶是因为救火才被淋坏，茶叶损失仍需由失火的责任人即林某承担。经调解员调解，林某认识到本次事故所幸没有人员伤亡，秦某索赔金额也并未超过合理限度，便与之达成了调解协议。

政策法律依据

《中华人民共和国民法典》第一千一百六十五条、第一千一百六十七条、第一千一百八十四条

《中华人民共和国消防法》

第二十六条　建筑构件、建筑材料和室内装修、装饰材料的防火性能必须符合国家标准;没有国家标准的,必须符合行业标准。

人员密集场所室内装修、装饰,应当按照消防技术标准的要求,使用不燃、难燃材料。

37 免费帮工受伤,被帮人要赔吗?

疑惑

2020年9月,方某要去五金厂装卸钢材时碰到朋友林某。因闲来无事,林某便提出一起去五金厂帮忙。五金厂老板王某以为林某是方某带来的工人,就安排林某到货车上系安全绳。不料,林某在上车时不慎脚滑摔落,造成右手骨折。之后林某要求五金厂对其损失进行赔偿。五金厂认为自己请的是方某,对于方某带来的林某应该由方某负责。双方发生争议后,调解员通知方某共同到场调解。

解析

林某帮忙的初衷是协助货物装卸尽快完成,五金厂和方某都是林某帮工的受益人即被帮工人。无偿帮工人在帮工时受伤,帮工人和被帮工人应按各自的过错承担责任。本案中,被帮工人没有为帮工人提供安全的帮工环境和防护措施。而林某作为完全民事行为能力人,也未尽到审慎注意义务。因此,各方对损害发生都存在过错,都应该承担部分责任。各方在调解员的调解下,分摊了损失金额。

政策法律依据

《中华人民共和国民法典》第一千一百六十六条、第一千一百九十二条

《最高人民法院关于审理人身损害赔偿案件适用法律若干问题的解释》

第四条 无偿提供劳务的帮工人,在从事帮工活动中致人损害的,被帮工人应当承担赔偿责任。被帮工人承担赔偿责任后向有故意或者重大过失的帮工人追偿的,人民法院应予支持。被帮工人明确拒绝帮工的,不承担赔偿责任。

第五条 无偿提供劳务的帮工人因帮工活动遭受人身损害的,根据帮工人和被帮工人各自的过错承担相应的责任;被帮工人明确拒绝帮工的,被帮工人不承担赔偿责任,但可以在受益范围内予以适当补偿。

帮工人在帮工活动中因第三人的行为遭受人身损害的,有权请求第三人承担赔偿责任,也有权请求被帮工人予以适当补偿。被帮工人补偿后,可以向第三人追偿。

38 空调修理工在工作时坠落受伤，业主要赔吗？

疑惑

林某家的空调在保质期内不能制冷，林某遂联系空调销售商甲公司派人维修。甲公司在接单后联系了乙空调服务公司，乙空调服务公司又将维修业务派给了没有从业资格的公司员工牛某，牛某又联系了自己的徒弟邱某。最终，是邱某到林某家中修空调。邱某在给空调外机检修时从楼上坠落受伤，邱某遂要求林某进行赔偿。林某认为，自己联系的是甲公司，维修业务被层层分派后到了邱某手中，自己对邱某发生损害不存在过错，因此拒绝向邱某赔偿。双方发生争议后，街道司法所组织林某、甲公司、乙空调服务公司、牛某、邱某一起进行了调解。

解析

林某作为普通消费者，在空调保质期内联系甲公司进行维修，其对选任甲公司提供服务没有过错。甲公司选择具有经营资质的乙空调服务公司，也不存在选任过失，无须承担责任。

乙空调服务公司将业务派给牛某，牛某将业务转包给邱某，邱某明知自己不具有从业资格仍承接维修业务，三方都存在过错。乙空调服务公司作为专门从事空调维修业务的公司，在选任方面应该比牛某具备更高的注意义务。

最终，经过多番沟通，林某、甲公司对邱某进行了人道主义补偿，乙空调服务公司、牛某对邱某进行了部分赔偿。

政策法律依据

《中华人民共和国民法典》第七百七十三条

39 隔壁车床机器太吵，能让机器停下来吗？

疑惑

覃某从事车床加工生意，2021 年 8 月因订单增多，便日夜赶工。成日运作的车床机器发出很大的噪声，干扰了隔壁邻居丁某的正常休息。丁某告知覃某让其将车床移出居民楼，遭到覃某拒绝。丁某遂向人民调解委员会申请调解。

解析

调解员介入后，得知覃某自己并不住在楼内，便建议其晚上到丁某家听一听车床的声音。覃某起先不肯配合，只回复等自己这几个月忙完了，夜里就不开工了。调解员向其指出噪声扰民确实违反《民法典》的规定，情节严重的，派出所还可以依据《治安管理处罚法》予以处罚。况且丁某已经就噪声扰民进行了取证，为了防止双方矛盾扩大，建议覃某能通过调解了结纠纷。之后覃某到了丁某家中，感受到噪声确实有点大，便承诺会给车床安装消音器，也会给自家墙体安装隔音棉。丁某对覃某的做法表示认可，双方达成调解协议。

政策法律依据

《中华人民共和国民法典》第一百七十九条、第二百八十六条、第一千一百六十六条、第一千二百二十九条

《中华人民共和国治安管理处罚法》

第五十八条　违反关于社会生活噪声污染防治的法律规定，制造噪声干扰他人正常生活的，处警告；警告后不改正的，处二百元以上五百元以下罚款。

40 外卖小哥进小区时与保安起冲突动手，谁对谁错？

疑惑

2021年7月8日早上，外卖小哥王某到甲小区送过一次外卖，进小区时按照小区保安李某的要求出示过健康码和行程码。7月8日下午，王某再次来到甲小区送外卖，因订单即将超时，便拒绝出示健康码和行程码。王某因此受到李某的阻拦，双方发生争吵和推搡，李某被王某推倒，造成胸部挫伤。两人协商赔偿事宜无果，便申请调解。

解析

调解员在查看监控录像后发现，李某在与王某交涉时并无过激行为，是王某过于冲动导致李某受伤。调解员向王某指出，外卖工作辛苦，争分夺秒派送可以理解，但防疫政策的落实也不能松懈。李某按照规定对进出小区的人员进行核查，是在履行他的职责，而非故意刁难，告诫其务必遵守防疫政策。王某认识到自己的错误，主动向李某道歉。调解员随即组织双方就赔偿金额进行协商，最终达成调解协议。

政策法律依据

《中华人民共和国民法典》第一百七十九条、第一千一百六十六条

《最高人民法院关于审理人身损害赔偿案件适用法律若干问题的解释》

第一条 因生命、身体、健康遭受侵害，赔偿权利人起诉请求赔偿义务人赔偿物质损害和精神损害的，人民法院应予受理。

本条所称"赔偿权利人"，是指因侵权行为或者其他致害原因直接遭受人身损害的受害人以及死亡受害人的近亲属。

本条所称"赔偿义务人"，是指因自己或者他人的侵权行为以及其他致害原因依法应当承担民事责任的自然人、法人或者非法人组织。

CHAPTER

5

第五章

医疗纠纷的调解

41 拍完胸片做B超发现怀孕，谁的错？

疑惑

2019年5月，王某与其丈夫一起到甲体检中心进行体检，两人购买的体检套餐中均包含胸片、C14吹气试验等。在前台登记时，工作人员向两人询问了有无备孕、怀孕等特殊事项。王某与其丈夫简单沟通后回复，已经有两个女儿，没有要孩子的打算。然后两人根据工作人员指示开始排队体检，当天体检的人数较多，哪个项目排队人少，工作人员就引导他们先去做哪个项目。王某先拍了胸片，又做了C14吹气试验，最后做B超时医生发现王某怀孕，王某表示不知道自己怀孕，随即喊来自己的丈夫，哭诉已经做了胸片和C14的检查，担心这些检查项目会对胎儿有害，并提出要向体检机构索赔。在王某的要求下，体检机构先带其去了当地最好的妇产科医院门诊咨询这些项目是否会对胎儿产生致畸致命的危害。门诊医生给了一般不会致畸致命的倾向性意见，但也无法给予患者百分之百的保障。之后王某夫妇带着自己的多名亲属到体检机构索要赔偿。

解析

王某夫妇带亲属到体检机构讨要说法的行为影响了体检机构的正常营业,故体检机构选择了报警。在民警了解到王某的诉求后,告知其带领亲属吵闹不能解决问题,情节严重的还可能受到治安管理的处罚,建议他们前往医疗纠纷调解委员会申请调解。调解员在听取了双方的意见后,很快抓住争议焦点,即体检机构有没有在体检前落实询问核查的义务,对王某已孕却还做了胸片、C14 检查有无过错。体检机构调取了多处监控记录,监控录音虽然音量较小,但也完整记录了前台工作人员对王某进行过询问和提示,王某夫妇均回复没有备孕、怀孕打算。王某夫妇在录音证据面前,自认自己确实没有备孕打算,但有了孩子也很珍惜,如今只能怪自己疏忽选择终止妊娠。最终,王某放弃了向体检机构索赔的主张。

政策法律依据

《医疗纠纷预防和处理条例》

第二十二条 发生医疗纠纷,医患双方可以通过下列途径解决:

(一)双方自愿协商;

(二)申请人民调解;

(三)申请行政调解;

(四)向人民法院提起诉讼;

(五)法律、法规规定的其他途径。

42 医美没效果，可以要求按消费欺诈三倍退款吗？

疑惑

2020年3月，陈女士花了35,000元到甲医美机构进行自体耳软骨隆鼻尖术。甲医美机构在术中切取了陈女士两块自体耳软骨，但术后陈女士认为鼻内填充物形态怪异，并未起到医美效果，便对手术所选用的材料产生质疑。经与陈女士沟通，甲医美机构同意进行二次手术予以修复，但陈女士在术后仍对治疗效果不满意，遂与甲医美机构发生纠纷。后陈女士因假体外露，在其他医院进行治疗时发现自己鼻部没有自体耳软骨，便以甲医美机构欺诈为由，要求三倍手术费及其他费用。

解析

消费者为生活消费需要购买、使用商品或者接受服务，其权益受《消费者权益保护法》保护。医美服务虽然涉及医疗资质、运用到专业医疗技术，但根本上并不属于治疗疾病的医疗行为，而是为了改善生活品质的生活消费，因此本案适用《消费者权益保护法》。

陈女士与甲医美机构之间的争议焦点在于隆鼻手术是否有使用陈女士的自体耳软骨。鉴于本案无法鉴定，而甲医美机构提供的病历、手术记录等内容完整，最终双方达成调解协议：甲医美机构退还陈女士手术费用35,000元，并额外进行了补偿。

政策法律依据

《中华人民共和国消费者权益保护法》

第二条 消费者为生活消费需要购买、使用商品或者接受服务，其权益受本法保护；本法未作规定的，受其他有关法律、法规保护。

《中华人民共和国民法典》第一千二百一十八条

43 没验血就拔牙，有问题吗？

疑惑

林某因右下牙疼痛到甲牙科诊所就医，诊所为林某的牙齿进行了X片检查，显示右下7牙根尖周空悬，无骨质附着。因林某难忍牙痛，要求拔牙，故诊所应其要求拔牙。

拔牙后，林某一直血流不止，甚至出现昏迷症状。经送往其他医院诊治发现，林某的血常规检测多项数据异常，尤其是血红蛋白、血小板总数极低。拔牙后的林某无法进食，说话困难，经过多天住院治疗后才得以痊愈。林某认为牙科诊所拔牙不当，属于医疗事故，便向诊所索赔。

解析

医务人员在诊疗活动中应当向患者说明病情和医疗措施。诊所未在拔牙前为林某验血，了解其凝血功能及有无血液病史，也未向其说明拔牙可能产生的风险，诊所在诊疗活动中未尽责。虽然拔牙是林某自己强烈要求的，但诊所未尽规范的诊疗措施，只是盲从于患者意见，并不能以此认为患者属于自甘风险。

鉴于诊所存在过错的诊疗行为，且该诊疗行为与林某反复出血之间具有一定的因果关系，因此诊所应承担相应的民事赔偿责任。经调解，诊所向林某退还了拔牙费用并作出了赔偿。

政策法律依据

《中华人民共和国民法典》第一千二百一十八条、第一千二百一十九条、第一千二百二十一条

《医疗事故处理条例》

第十一条　在医疗活动中，医疗机构及其医务人员应当将患者的病情、医疗措施、医疗风险等如实告知患者，及时解答其咨询；但是，应当避免对患者产生不利后果。

《最高人民法院关于审理人身损害赔偿案件适用法律若干问题的解释》

第六条 医疗费根据医疗机构出具的医药费、住院费等收款凭证，结合病历和诊断证明等相关证据确定。赔偿义务人对治疗的必要性和合理性有异议的，应当承担相应的举证责任。

医疗费的赔偿数额，按照一审法庭辩论终结前实际发生的数额确定。器官功能恢复训练所必要的康复费、适当的整容费以及其他后续治疗费，赔偿权利人可以待实际发生后另行起诉。但根据医疗证明或者鉴定结论确定必然发生的费用，可以与已经发生的医疗费一并予以赔偿。

第七条 误工费根据受害人的误工时间和收入状况确定。

误工时间根据受害人接受治疗的医疗机构出具的证明确定。受害人因伤致残持续误工的，误工时间可以计算至定残日前一天。

受害人有固定收入的，误工费按照实际减少的收入计算。受害人无固定收入的，按照其最近三年的平均收入计算；受害人不能举证证明其最近三年的平均收入状况的，可以参照受诉法院所在地相同或者相近行业上一年度职工的平均工资计算。

第八条 护理费根据护理人员的收入状况和护理人数、护理期限确定。

护理人员有收入的，参照误工费的规定计算；护理人员没有收入或者雇佣护工的，参照当地护工从事同等级别护理的劳务报酬标准计算。护理人员原则上为一人，但医疗机构或者鉴定机构有明确意见的，可以参照确定护理人员人数。

护理期限应计算至受害人恢复生活自理能力时止。受害人因残疾不能恢复生活自理能力的，可以根据其年龄、健康状况等因素确定合理的护理期限，但最长不超过二十年。

受害人定残后的护理，应当根据其护理依赖程度并结合配制残疾辅助器具的情况确定护理级别。

第九条　交通费根据受害人及其必要的陪护人员因就医或者转院治疗实际发生的费用计算。交通费应当以正式票据为凭；有关凭据应当与就医地点、时间、人数、次数相符合。

第十条　住院伙食补助费可以参照当地国家机关一般工作人员的出差伙食补助标准予以确定。

受害人确有必要到外地治疗，因客观原因不能住院，受害人本人及其陪护人员实际发生的住宿费和伙食费，其合理部分应予赔偿。

第十一条　营养费根据受害人伤残情况参照医疗机构的意见确定。

44 转院治疗最终病亡，两家医院谁担责？

疑惑

2017年10月2日15时许，叶某因腹痛被送至甲医院诊治，甲医院初步诊断为“胆囊结石、胆囊炎、胆总管结石、胆管炎、胰腺炎”并收治入院。医生在行ERCP+EST+ENBD术后，叶某仍然腹痛难忍。几日后，叶某被诊断为“重症胰腺炎、全身多器官功能衰竭”送ICU抢救，在ICU期间叶某家属要求将叶某转至乙医院治疗。叶某在乙医院的入院诊断为急性重症胰腺炎，急性呼吸窘迫综合征，急性肾功能不全，急性胆管炎，胆囊结石伴胆囊炎，脂肪肝，高血压病。乙医院为叶某行选择性胃十二指肠动脉置管。2日后，叶某呼吸骤停，经抢救无效死亡。

叶某家属在与乙医院进行调解时，双方同意不行医疗损害责任鉴定，乙医院对叶某家属进行一次性补偿。甲医院因与叶某家属在调解方案上无法达成合意，叶某家属对甲医院提起了诉讼。

解析

叶某家属已与乙医院达成调解协议，叶某家属不会再就乙医院是否存在医疗过错做主张。重症胰腺炎救治难度大、病死率高，甲医院是否需要承担赔偿责任取决于医疗损害责任鉴定意见。甲医院认为,鉴定意见书没有提及乙医院的诊疗行为,其结论意见中关于甲医院过错责任的占比不合理,故不同意调解。法院判决认定,无论鉴定意见书是否会涉及乙医院的诊疗行为,都不影响对甲医院是否存在诊疗过错以及过错与叶某死亡后果之间因果关系的判断。最终,甲医院的抗辩意见未被法院采纳。

政策法律依据

《中华人民共和国民法典》第一千二百一十八条、第一千二百一十九条、第一千二百二十一条

《医疗事故处理条例》

第十二条　医疗机构应当制定防范、处理医疗事故的预案,预防医疗事故的发生,减轻医疗事故的损害。

第二十条　卫生行政部门接到医疗机构关于重大医疗过失行为的报告或者医疗事故争议当事人要求处理医疗事故争议的申请后,对需要进行医疗事故技术鉴定的,应当交由负责医疗事故技术鉴定工作的医学会组织鉴定;医患双方协商解决医疗事故争议,需要进行医疗事故技术鉴定的,由双方当事人共同委托负责医疗事故技术鉴定工作的医学会组织鉴定。

《最高人民法院关于审理人身损害赔偿案件适用法律若干问题的解释》

第六条　医疗费根据医疗机构出具的医药费、住院费等收款凭证,结合病历和诊断证明等相关证据确定。赔偿义务人对治疗的必要性和合理性有异议的,应当承担相应的举证责任。

医疗费的赔偿数额,按照一审法庭辩论终结前实际发生的数额确定。器官功能恢复训练所必要的康复费、适当的整容费以及其他后续治疗费,赔偿权利人可以待实际发生后另行起诉。但根据医疗证明或者鉴定结论确定必然发生的费用,可以与已经发生的医疗费一并予以赔偿。

第七条 误工费根据受害人的误工时间和收入状况确定。

误工时间根据受害人接受治疗的医疗机构出具的证明确定。受害人因伤致残持续误工的,误工时间可以计算至定残日前一天。

受害人有固定收入的,误工费按照实际减少的收入计算。受害人无固定收入的,按照其最近三年的平均收入计算;受害人不能举证证明其最近三年的平均收入状况的,可以参照受诉法院所在地相同或者相近行业上一年度职工的平均工资计算。

第八条 护理费根据护理人员的收入状况和护理人数、护理期限确定。

护理人员有收入的,参照误工费的规定计算;护理人员没有收入或者雇佣护工的,参照当地护工从事同等级别护理的劳务报酬标准计算。护理人员原则上为一人,但医疗机构或者鉴定机构有明确意见的,可以参照确定护理人员人数。

护理期限应计算至受害人恢复生活自理能力时止。受害人因残疾不能恢复生活自理能力的,可以根据其年龄、健康状况等因素确定合理的护理期限,但最长不超过二十年。

受害人定残后的护理,应当根据其护理依赖程度并结合配制残疾辅助器具的情况确定护理级别。

第九条　交通费根据受害人及其必要的陪护人员因就医或者转院治疗实际发生的费用计算。交通费应当以正式票据为凭;有关凭据应当与就医地点、时间、人数、次数相符合。

第十条　住院伙食补助费可以参照当地国家机关一般工作人员的出差伙食补助标准予以确定。

受害人确有必要到外地治疗,因客观原因不能住院,受害人本人及其陪护人员实际发生的住宿费和伙食费,其合理部分应予赔偿。

第十一条　营养费根据受害人伤残情况参照医疗机构的意见确定。

45 患者死亡后不尸检,能不能判断医院有过错?

疑惑

2021 年 7 月 3 日,夏某因Ⅱ型糖尿病、颈椎骨关节炎到甲医院就诊。入院后血糖控制不佳,内分泌科会诊后建议使用优泌乐 50,并加用阿卡波糖片(拜糖苹),必要时可转内分泌科治疗。2021 年 7 月 7 日早晨,夏某出现严重的低血糖症状,大汗淋漓,血糖值为 2.7mmol/L。

2021年7月8日晚，夏某因昏迷经抢救无效死亡，死亡原因记录为"心梗?"。夏某家属对死亡原因提出疑义，甲医院与夏某家属协商，由家属将尸体运回家并火化。在尸体火化前，甲医院未告知家属有关尸体解剖的规定。之后，夏某家属向甲医院进行索赔，甲医院以尸体没解剖，无法确定死亡是否与诊疗存在关系而拒赔。

解析

《医疗纠纷预防和处理条例》第23条第2款规定："患者死亡的，还应当告知其近亲属有关尸检的规定。"《医疗事故处理条例》第18条第1款规定："患者死亡，医患双方当事人不能确定死因或者对死因有异议的，应当在患者死亡后48小时内进行尸检；具备尸体冻存条件的，可以延长至7日。尸检应当经死者近亲属同意并签字。"由此可见，甲医院在患者家属对死亡原因有疑义的情况下，负有告知尸检规定的义务却未履行。死者家属本可主动申请尸检却不申请。双方都存在担心尸检结果对己方不利，而故意不尸检的可能性。

调解员以此为入口组织双方调解，双方最终同意各自承担一半后果。

政策法律依据

《病历书写基本规范》

第三条 病历书写应当客观、真实、准确、及时、完整、规范。

《中华人民共和国民法典》第一千二百一十八条、第一千二百一十九条、第一千二百二十一条

46 医院修改过病历，可以直接推定医院有过错吗？

疑惑

产妇金某因“停经39+2，阴道流液并伴有腹痛”到甲医院急诊。产妇入分娩室后不久便生育一名男婴，产后15分钟，金某开始大出血，医生在给予止血措施无效后对其实施子宫切除手术，但金某最终不治身亡。金某家属为维权复印了病历，复印所得的《产时记录》记载出血量1800mL，《手术记录》记载出血量700mL，总量为2500mL，《出院记录》记载出血量为2000mL。而院方提供的《出院记录》原件记载出血量为2500mL。家属认为关于出血量几份材料自相矛盾且经篡改，这意味着医院有过错，需为金某死亡承担责任。甲医院认为诊疗记录即便有修改也符合《病历书写基本规范》，拒绝赔偿。

解析

修改病历不等于篡改病历。病历书写瑕疵如果不影响病历整体

真实性及对诊疗过程的查明,则不能认定为《民法典》第 1222 条中的篡改病历。本案中关于出血量记录的问题,虽然前后记录不同,但该记录错误并非医疗诊疗行为的过错,因此不能直接推定甲医院对金某死亡承担过错。鉴于双方对院方是否存在过错有争议,金某家属在终止调解后,提起了诉讼。

政策法律依据

《病历书写基本规范》

第七条 病历书写过程中出现错字时,应当用双线划在错字上,保留原记录清楚、可辨,并注明修改时间,修改人签名。不得采用刮、粘、涂等方法掩盖或去除原来的字迹。

上级医务人员有审查修改下级医务人员书写的病历的责任。

第十七条 入院记录是指患者入院后,由经治医师通过问诊、查体、辅助检查获得有关资料,并对这些资料归纳分析书写而成的记录。可分为入院记录、再次或多次入院记录、24 小时内入出院记录、24 小时内入院死亡记录。

入院记录、再次或多次入院记录应当于患者入院后 24 小时内完成;24 小时内入出院记录应当于患者出院后 24 小时内完成,24 小时内入院死亡记录应当于患者死亡后 24 小时内完成。

《中华人民共和国民法典》第一千二百一十八条、第一千二百一十九条、第一千二百二十二条

47 患者在医院自杀，医院要担责吗？

疑惑

叶某被诊断为食道癌晚期并转移。2018年8月15日，叶某到甲医院住院治疗。入院第3天，叶某在院区高坠身亡。经公安局调查，排除他杀。叶某家属认为医院未尽到看护责任，向医院索赔。医院认为患者自杀是陪护人监护责任不力所致，并非医护人员的责任，拒绝承担赔偿责任。

解析

医院对患者有安全保障义务，但该义务应在合理范围内履行，而不能无限扩大。本案中，患者并非因为医院设施设备存在安全隐患而坠亡，医院无法确保园区内每个角落都绝对安全，也无法预见轻生者求死的途径和方式。若叶某有精神上的疾病，导致其无法自控而坠亡，那医院或许要承担部分责任。但本案中，叶某作为完全民事行为能力人，其有意避开家属和医护人员而轻生，其死亡结果与医院管理并无因果关系。家属在经调解之后，放弃了对医院索赔的主张。

政策法律依据

《中华人民共和国民法典》第一千二百一十八条

48 体检显示身体健康，1年后确诊癌症，体检机构有责任吗？

疑惑

2018年11月，陈女士到甲体检机构体检，检查项目中癌胚抗原（CEA）、癌抗原125、癌抗原15－3等相关肿瘤指标均显示正常。乳腺彩超提示：乳腺增生。与雌激素水平有关，一般无明显症状，请平时自我检查，局部发生不适时请专科诊治。2019年6月，陈女士在乙医院被确诊为左乳癌，行单侧保乳乳腺改良根治手术后又经多次化疗。2020年12月，陈女士通过律师发函给甲体检机构，认为甲体检机构没检查出陈女士可能患癌，使其丧失及时治疗的机会，要求索赔。甲体检机构调取了B超留图，图片未显示明显病灶。之后，双方因纠纷申请调解。

解析

体检旨在通过查验身体状况，对潜在或显现的疾病因素早发现、早介入、早治疗，以消除疾病隐患或控制疾病发展。但疾病的发生存在不确定性和复杂性，个体病情的发展不能直接倒推判定体检行为存在过错。如果体检数据超出合理范围或有其他可疑指征，而体检机构未做出风险提示的，则体检机构侵犯了体检人的知情权和疾病筛查、治疗的选择权。如果体检机构未漏诊且已尽到风险告知义务，则体检机构对体检人患癌结果不承担责任。本案中，体检机构出于道义上的同情与陈女士达成了调解协议，做了适当的补偿。

政策法律依据

《中华人民共和国民法典》第一千二百一十八条、第一千二百一十九条

49 医院错开药品，患者服药后死亡，医院要付全责吗?

疑惑

季某88岁,因中风到甲医院治疗,头部CT显示左侧丘脑出血,后行穿刺引流术后病情有所好转。医院为季某开具了中药配合治疗,服药3天后,季某出现意识模糊,病情加重的情况,之后经抢救无效死亡。家属在整理季某遗物时发现季某食用的药品与处方不符,便以医院开错药导致患者死亡为由,要求医院承担赔偿责任。院方承认开错药,但认为患者死亡与错服的药品无关。双方因对赔偿金额分歧较大,本案未调解成功,季某家属改向法院提起诉讼。

解析

医院错开药品属于医疗过错行为,但医院要为此承担多少责任还需结合该过错行为在损害后果中的责任程度、损害结果与患者原有疾病状况之间的关系。结合季某年龄以及自身疾病的情况看,其死亡是因错服药品导致的可能性小。而本案之所以调解未成,是双方对过错参与度的预判有较大分歧。如需明确参与度,则需依靠鉴定予以解决。

政策法律依据

《中华人民共和国民法典》第一千二百一十八条、第一千二百一十九条

《最高人民检察院、公安部关于公安机关管辖的刑事案件立案追诉标准的规定(一)》

第五十六条 [医疗事故案(刑法第三百三十五条)]医务人员由于严重不负责任,造成就诊人死亡或者严重损害就诊人身体健康的,应予立案追诉。

具有下列情形之一的,属于本条规定的“严重不负责任”:

(一)擅离职守的;

(二)无正当理由拒绝对危急就诊人实行必要的医疗救治的;

(三)未经批准擅自开展试验性医疗的;

(四)严重违反查对、复核制度的;

(五)使用未经批准使用的药品、消毒药剂、医疗器械的;

(六)严重违反国家法律法规及有明确规定的诊疗技术规范、常规的;

(七)其他严重不负责任的情形。

本条规定的“严重损害就诊人身体健康”,是指造成就诊人严重残疾、重伤、感染艾滋病、病毒性肝炎等难以治愈的疾病或者其他严重损害就诊人身体健康的后果。

50 高龄患者没有看护在旁，在医院内摔倒后受伤，谁的错？

疑惑

王某89岁，因支气管炎、心绞痛到甲医院住院治疗。住院第二日傍晚时分，王某家属回家做饭，王某独自一人在上厕所时摔倒，造成手骨骨折。王某家属认为，医院未尽到安全保障义务，应当予以赔偿。医院则认为王某系高龄患者，家属应陪护在旁，院方对王某摔倒不存在过失。

解析

医院系公共场所，院方应尽到安全保障义务，比如保证地面整洁、扶手安装齐备。在诊疗方面，院方需按标准对病房进行巡视核查。如王某是因地面湿滑或者其他防滑措施不到位而摔伤，则医院对伤害结果发生有过错。否则，王某家属放任高龄患者独自一人在病房，王某自己又未曾求助院方，则王某受伤只能归责于己方。本案最终以医院愿意适当补偿调解结案。

政策法律依据

《中华人民共和国民法典》第一千一百九十八条、第一千二百一十八条

CHAPTER

6

第六章

劳动纠纷的调解

51 哪里可以调解劳动纠纷？

疑惑

杨某是甲公司员工，负责开采煤矿前的准备工作，具体包括修整巷道、制作采煤设备等工作，月工资为5000元，每月20日结算。因公司经济效益问题，老板拖欠杨某3个月工资，杨某多次向公司催讨，公司均以各种理由拖欠，杨某因仍在公司工作，故不愿意直接提起仲裁，希望先尝试调解程序，但不知道应该去找什么机构或者部门进行调解。

解析

为了保障劳动者的合法权益，方便劳动者维权，劳动者与单位发生纠纷时，可以先与用人单位协商，当事人不愿协商、协商不成或者达成和解协议后不履行的，可以向调解组织申请调解。协商与调解大大降低了劳动者的维权成本。《劳动争议调解仲裁法》规定，劳动者可以到以下组织申请调解：(1)企业劳动争议调解委员会；(2)依法设立的基层人民调解组织；(3)在乡镇、街道设立的具有劳动争议调解职能的组织。实践中，村委会、街道、社会矛盾调解中心一般都有劳动调解的职能。

政策法律依据

《中华人民共和国劳动争议调解仲裁法》

第四条 【劳动争议当事人的协商和解】发生劳动争议,劳动者可以与用人单位协商,也可以请工会或者第三方共同与用人单位协商,达成和解协议。

第五条 【劳动争议处理的基本程序】发生劳动争议,当事人不愿协商、协商不成或者达成和解协议后不履行的,可以向调解组织申请调解;不愿调解、调解不成或者达成调解协议后不履行的,可以向劳动争议仲裁委员会申请仲裁;对仲裁裁决不服的,除本法另有规定的外,可以向人民法院提起诉讼。

第十条 【调解组织】发生劳动争议,当事人可以到下列调解组织申请调解:

(一)企业劳动争议调解委员会;

(二)依法设立的基层人民调解组织;

(三)在乡镇、街道设立的具有劳动争议调解职能的组织。

企业劳动争议调解委员会由职工代表和企业代表组成。职工代表由工会成员担任或者由全体职工推举产生,企业代表由企业负责人指定。企业劳动争议调解委员会主任由工会成员或者双方推举的人员担任。

52 与用人单位达成调解协议后，用人单位不履行调解协议怎么办？

疑惑

张某系甲日用品公司的销售人员，在公司工作了5年，现因为公司2个月没有支付工资，张某家里上有80岁老母要赡养，下有8岁稚子要抚养，无奈之下，只能向公司提交辞呈要求解除劳动合同。公司同意张某的离职请求，但是仍然不支付工资以及经济补偿金，张某遂寻求调解机构的帮助，在调解员的主持下，张某与用人单位在调解机构已经就拖欠的劳动报酬、经济补偿事项达成调解协议，约定协议签订后1个月内履行。1个月后，公司负责人直接拉黑张某的联系方式，拒不履行。

解析

劳动争议的解决途径多种多样，如果选择调解并达成调解协议，但用人单位在协议约定期限内并未履行的，劳动者可以依据调解协议书向人民法院申请支付令。用人单位应当在收到人民法院支付令之日起15日内清偿债务，或者向人民法院提出书面异议。如果不提出异议又不支付的,劳动者可以申请执行。申请支付令的流程大大降低劳动者的时间与成本,不必经过劳动仲裁或者诉讼程序就可以直接申请法院执行,保障劳动者尽快拿回应得的款项。

政策法律依据

《中华人民共和国劳动争议调解仲裁法》

第十六条　【支付令】因支付拖欠劳动报酬、工伤医疗费、经济补偿或者赔偿金事项达成调解协议,用人单位在协议约定期限内不履行的,劳动者可以持调解协议书依法向人民法院申请支付令。人民法院应当依法发出支付令。

《中华人民共和国劳动合同法》

第三十八条　【劳动者单方解除劳动合同】用人单位有下列情形之一的,劳动者可以解除劳动合同:

(一)未按照劳动合同约定提供劳动保护或者劳动条件的;

(二)未及时足额支付劳动报酬的;

(三)未依法为劳动者缴纳社会保险费的;

(四)用人单位的规章制度违反法律、法规的规定,损害劳动者权益的;

(五)因本法第二十六条第一款规定的情形致使劳动合同无效的;

(六)法律、行政法规规定劳动者可以解除劳动合同的其他情形。

用人单位以暴力、威胁或者非法限制人身自由的手段强迫劳动者劳动的,或者用人单位违章指挥、强令冒险作业危及劳动者人身安全的,劳动者可以立即解除劳动合同,不需事先告知用人单位。

第四十六条　【经济补偿】有下列情形之一的,用人单位应当向劳动者支付经济补偿:

(一)劳动者依照本法第三十八条规定解除劳动合同的;

(二)用人单位依照本法第三十六条规定向劳动者提出解除劳动合同并与劳动者协商一致解除劳动合同的;

(三)用人单位依照本法第四十条规定解除劳动合同的;

(四)用人单位依照本法第四十一条第一款规定解除劳动合同的;

(五)除用人单位维持或者提高劳动合同约定条件续订劳动合同,劳动者不同意续订的情形外,依照本法第四十四条第一项规定终止固定期限劳动合同的;

(六)依照本法第四十四条第四项、第五项规定终止劳动合同的;

(七)法律、行政法规规定的其他情形。

《中华人民共和国民事诉讼法》

第二百二十三条　人民法院受理申请后,经审查债权人提供的事实、证据,对债权债务关系明确、合法的,应当在受理之日起十五日内向债务人发出支付令;申请不成立的,裁定予以驳回。

债务人应当自收到支付令之日起十五日内清偿债务,或者向人民法院提出书面异议。

债务人在前款规定的期间不提出异议又不履行支付令的,债权人可以向人民法院申请执行。

53 未与用人单位签订劳动合同，如何证明存在劳动关系？

疑惑

2022年3月1日，周某到甲食品公司找工作。面试通过后，公司告诉周某以后每天早上8时过来上班，下午5时下班，工资会在次月以现金结算。周某工作了大半年，公司未与周某办理过任何入职手续，也未与他签订合同。周某在一次朋友聚会上，听朋友说如果劳动者与单位建立劳动关系，但用人单位没有给劳动者签订劳动合同的，需要支付劳动者双倍工资。周某想以此为由要求单位支付双倍工资，但不知道该怎么证明自己与单位有劳动关系，周某遂来调解机构寻求帮助。

解析

用人单位自用工之日起即与劳动者建立劳动关系。劳动合同一般是证明劳动者与用人单位有劳动关系最直接的证据，但如果用人单位招用劳动者不签订劳动合同，根据《劳动和社会保障部关于确立劳动关系有关事项的通知》的规定，如果同时具备下列情形，则劳动关系成立:“(一)用人单位和劳动者符合法律、法规规定的主体资格;(二)用人单位依法制定的各项劳动规章制度适用于劳动者,劳动者受用人单位的劳动管理,从事用人单位安排的有报酬的劳动;(三)劳动者提供的劳动是用人单位业务的组成部分。”

存在劳动关系的前提是需要用人单位和劳动者主体合格。劳动者可以提供工资发放证明、打卡记录、与用人单位聊天记录等都作为证明劳动关系的证据。本案中,周某无法就上述材料进行举证,调解员无法认定双方之间有劳动关系,但其在向劳动稽查大队投诉甲公司后,甲公司向劳动稽查大队出具了一份情况说明,该说明证实了周某系甲公司员工。最终周某与甲公司签订了劳动合同,甲公司适当补偿了周某。

政策法律依据

《劳动和社会保障部关于确立劳动关系有关事项的通知》第一条

《中华人民共和国劳动合同法》

第七条　【劳动关系的建立】用人单位自用工之日起即与劳动者建立劳动关系。用人单位应当建立职工名册备查。

第十条　【订立书面劳动合同】建立劳动关系,应当订立书面劳动合同。

已建立劳动关系,未同时订立书面劳动合同的,应当自用工之日起一个月内订立书面劳动合同。

用人单位与劳动者在用工前订立劳动合同的,劳动关系自用工之日起建立。

54 用人单位以劳动者没有从业资格为由将其解聘，是否合法？

疑惑

郑某和沈某系两夫妻。郑某于1991年开设了甲药店，蒋某于药店开业后入职，从事药剂师工作。2016年，甲药店注销，沈某开设了乙内科诊所。蒋某随郑某一起到乙内科诊所药房工作。2021年10月，卫健部门到诊所核查时提出，药房工作人员的药剂师资格证必须注册在诊所方能上岗，否则将以药房工作人员没有从业资格为由对诊所予以处罚。蒋某自2005年考取药剂师资格证以来，一直将自己的从业资格证注册在其他药店，通过挂证赚取外快，故其不愿意将药剂师从业资格证转至乙诊所。乙诊所遂通知蒋某，因其不具备从业资格已被诊所解聘。蒋某认为乙诊所属于违法辞退，要求乙诊所向其支付包括赔偿金在内的所有费用合计100多万元。

解析

蒋某入职甲药店时尚不具备药剂师资格，在其考取药剂师资格后从未将资格证注册在甲药店或乙诊所，诊所在卫健部门来诊所稽查前也从未向蒋某提出挂证的要求。《执业药师注册管理办法》规定，执业药师应当按照注册的执业单位从事执业活动，严禁药师注册证挂靠行为。该管理办法历来有之，如果蒋某在诊所是从事药剂师工作，那么诊所应该在一开始就明确岗位职责，办好手续。而且卫健部门并未实际处罚乙诊所，乙诊所主张如果不开除蒋某就将受到卫健部门处罚的说法缺乏依据。鉴于乙诊所涉嫌违法解除劳动合同关系，故乙诊所在蒋某提起仲裁后与之达成了调解协议，对其给予了适当补偿。

政策法律依据

《中华人民共和国劳动合同法》

第十四条　【无固定期限劳动合同】无固定期限劳动合同，是指用人单位与劳动者约定无确定终止时间的劳动合同。

用人单位与劳动者协商一致，可以订立无固定期限劳动合同。有下列情形之一，劳动者提出或者同意续订、订立劳动合同的，除劳动者提出订立固定期限劳动合同外，应当订立无固定期限劳动合同：

（一）劳动者在该用人单位连续工作满十年的；

（二）用人单位初次实行劳动合同制度或者国有企业改制重新订立劳动合同时，劳动者在该用人单位连续工作满十年且距法定退休年龄不足十年的；

（三）连续订立二次固定期限劳动合同，且劳动者没有本法第二十九条和第四十条第一项、第二项规定的情形，续订劳动合同的。

用人单位自用工之日起满一年不与劳动者订立书面劳动合同的，视为用人单位与劳动者已订立无固定期限劳动合同。

第三十九条 【用人单位单方解除劳动合同(过失性辞退)】劳动者有下列情形之一的，用人单位可以解除劳动合同：

(一)在试用期间被证明不符合录用条件的；

(二)严重违反用人单位的规章制度的；

(三)严重失职，营私舞弊，给用人单位造成重大损害的；

(四)劳动者同时与其他用人单位建立劳动关系，对完成本单位的工作任务造成严重影响，或者经用人单位提出，拒不改正的；

(五)因本法第二十六条第一款第一项规定的情形致使劳动合同无效的；

(六)被依法追究刑事责任的。

《最高人民法院关于审理劳动争议案件适用法律问题的解释(一)》

第四十六条 劳动者非因本人原因从原用人单位被安排到新用人单位工作，原用人单位未支付经济补偿，劳动者依据劳动合同法第三十八条规定与新用人单位解除劳动合同，或者新用人单位向劳动者提出解除、终止劳动合同，在计算支付经济补偿或赔偿金的工作年限时，劳动者请求把在原用人单位的工作年限合并计算为新用人单位工作年限的，人民法院应予支持。

用人单位符合下列情形之一的，应当认定属于“劳动者非因本人原因从原用人单位被安排到新用人单位工作”：

(一)劳动者仍在原工作场所、工作岗位工作,劳动合同主体由原用人单位变更为新用人单位;

(二)用人单位以组织委派或任命形式对劳动者进行工作调动;

(三)因用人单位合并、分立等原因导致劳动者工作调动;

(四)用人单位及其关联企业与劳动者轮流订立劳动合同;

(五)其他合理情形。

《执业药师注册管理办法》

第三十四条　严禁《执业药师注册证》挂靠,持证人注册单位与实际工作单位不符的,由发证部门撤销《执业药师注册证》,三年内不予注册;构成犯罪的,移送相关部门依法追究刑事责任。买卖、租借《执业药师注册证》的单位,按照相关法律法规给予处罚。

55 用人单位可以调整员工岗位吗?

疑惑

2013年7月,金某入职甲公交公司任售票员。因金某负责的线路改为无人售票制,故甲公司安排金某在门卫处负责邮件管理与签发。之后金某以甲公司擅自调岗,降低其工资标准为由,要求甲公司恢复其岗位,甲公司回复原岗位已不存在,只能将金某安排在门卫岗。金某对甲公司的做法有异议,遂提起仲裁,要求解除劳动合同关系,并索赔。

解析

根据相关法律规定,如果劳动者患病或者非因工负伤,在规定的医疗期满后不能从事原工作,或者劳动者不能胜任工作时,用人单位可以单方调整劳动者工作岗位。除上述法定情形外,用人单位还可以按劳动合同约定或者规章制度规定对劳动者工作岗位进行调整。此时需要着重考察调岗的合理性,如果调岗是工人单位生产经营所必需的;调岗后劳动者的劳动报酬以及其他劳动条件未作不利变更的;调岗行为不具有侮辱性和惩罚性的,那么劳动者有服从安排的义务。

本案中,因金某的售票员岗位已撤销,甲公司将其安排在门卫岗,两个岗位性质相当,不具有侮辱性和惩罚性。且金某每月获得的薪酬基本未变,因此甲公司的调岗行为合理。金某通过调解员了解了相关法律之后,主动撤回了仲裁。

政策法律依据

《中华人民共和国劳动合同法》

第四十条 【无过失性辞退】有下列情形之一的,用人单位提前三十日以书面形式通知劳动者本人或者额外支付劳动者一个月工资后,可以解除劳动合同:

(一)劳动者患病或者非因工负伤,在规定的医疗期满后不能从事原工作，也不能从事由用人单位另行安排的工作的；

（二）劳动者不能胜任工作，经过培训或者调整工作岗位，仍不能胜任工作的；

（三）劳动合同订立时所依据的客观情况发生重大变化，致使劳动合同无法履行，经用人单位与劳动者协商，未能就变更劳动合同内容达成协议的。

56 试用期有长短限制吗？

疑惑

陈某大学毕业后，入职了甲互联网公司。劳动合同上写着合同期限 1 年，试用期 3 个月。在陈某工作即将满 3 个月时，老板通知其未能通过试用期考核，要求其即刻离职。陈某认为自己工作期间没有不良表现，公司不应当草率地解聘自己。陈某到劳动部门咨询之后得知，合同期限 1 年的，试用期不得超过 2 个月。其在公司上班已近 3 个月，已经通过了试用期。公司若无故解聘属于违法，故其以此为由，向公司提出要求继续工作的诉求。

解析

法律规定,劳动合同期限3个月以上不满1年的,试用期不得超过1个月;劳动合同期限1年以上不满3年的,试用期不得超过2个月;3年以上固定期限和无固定期限的劳动合同,试用期不得超过6个月。同一用人单位与同一劳动者不能约定多次的试用期,试用期只有一次。试用期包含在劳动合同期限内,劳动合同不能仅约定试用期,否则该期限为劳动合同期限。劳动者在试用期的工资也受限制,即不得低于用工单位相同岗位最低档工资或者劳动合同约定工资的80%,并不得低于单位所在地的最低工资标准。如果用人单位违法约定试用期,那么需要按已经履行的超过法定试用期的期间向劳动者支付赔偿金。

公司在调解员宣讲完法律后意识到自己的行为违法,便与陈某协商让其继续回公司上班,并补偿了陈某。

政策法律依据

《中华人民共和国劳动合同法》

第十九条　【试用期】劳动合同期限三个月以上不满一年的,试用期不得超过一个月;劳动合同期限一年以上不满三年的,试用期不得超过二个月;三年以上固定期限和无固定期限的劳动合同,试用期不得超过六个月。

同一用人单位与同一劳动者只能约定一次试用期。

以完成一定工作任务为期限的劳动合同或者劳动合同期限不满三个月的，不得约定试用期。

试用期包含在劳动合同期限内。劳动合同仅约定试用期的，试用期不成立，该期限为劳动合同期限。

第二十条　【试用期工资】劳动者在试用期的工资不得低于本单位相同岗位最低档工资或者劳动合同约定工资的百分之八十，并不得低于用人单位所在地的最低工资标准。

第八十三条　【违法约定试用期的法律责任】用人单位违反本法规定与劳动者约定试用期的，由劳动行政部门责令改正；违法约定的试用期已经履行的，由用人单位以劳动者试用期满月工资为标准，按已经履行的超过法定试用期的期间向劳动者支付赔偿金。

57 劳动者违反与用人单位约定的服务期，需要承担多少违约金？

疑惑

甲公司想要提升部分公司员工专业水平，遂找到张某提出由公司出资对其进行专业技术培训，张某想着能免费提升自己的专业水平何乐而不为呢,就同意了。甲公司又提出,因为这次培训费用较高,所以要和张某签订协议,约定服务期,违约金的数额约定为培训费用的2倍。后张某在服务期未满时便要离职,甲公司要求其支付违约金,而张某拒绝支付,故双方发生纠纷。

解析

企业对员工专业技术培训所需要支付的培训费用通常较高,且用人单位往往还需要为培训付出交通费、食宿费、培训津贴等附加的费用。用人单位为劳动者提供专项培训费用,对其进行专业技术培训的,可以订立协议,与劳动者约定服务期。如果劳动者违反约定,应当按照协议向用人单位支付违约金。违约金的数额不得超过用人单位提供的培训费用(包括用人单位为了进行专业技术培训而支付的有凭证的培训费用、培训期间的差旅费用以及因培训产生的其他直接费用)。违约金的数额不得超过服务期尚未履行部分所应分摊的培训费用。本案中,甲公司约定的违约金计算方式违反法律规定,该约定无效。但甲公司不愿意放人,故双方未达成调解协议。

政策法律依据

《中华人民共和国劳动合同法》

第二十二条 【服务期】用人单位为劳动者提供专项培训费用,对其进行专业技术培训的,可以与该劳动者订立协议,约定服务期。

劳动者违反服务期约定的，应当按照约定向用人单位支付违约金。违约金的数额不得超过用人单位提供的培训费用。用人单位要求劳动者支付的违约金不得超过服务期尚未履行部分所应分摊的培训费用。

用人单位与劳动者约定服务期的，不影响按照正常的工资调整机制提高劳动者在服务期期间的劳动报酬。

《中华人民共和国劳动合同法实施条例》第十六条

58 竞业限制条款能限制高管一辈子吗？

疑惑

郑某系甲人工智能公司的高级技术人员，手握公司大量技术资料，甲公司与其签订保密协议，约定甲公司一次性补偿郑某一笔钱，郑某离职后永远不能在当地从事相同的行业，如果郑某违约需要支付违约金。郑某离职2年后迫于生计在当地重操旧业被甲公司发现，甲公司遂要求其支付违约金。

解析

对负有保密义务的劳动者，比如公司的高级管理人员、高级技术人员等,用人单位可以在劳动合同中与劳动者约定竞业限制条款或者签订单独的保密协议,具体到竞业限制的范围、地域、期限。用人单位需在竞业限制期限内按月给予劳动者相应的经济补偿,劳动者违反竞业限制约定的,应当向用人单位支付违约金,竞业限制期限不能超过2年。

本案中,郑某虽然是在离职2年后重操旧业,但其收取的补偿金金额巨大。竞业限制2年与补偿金金额之间存在明显失衡的情况。经调解,郑某退还了甲公司部分补偿金。

政策法律依据

《中华人民共和国劳动合同法》

第二十三条 【保密义务和竞业限制】用人单位与劳动者可以在劳动合同中约定保守用人单位的商业秘密和与知识产权相关的保密事项。

对负有保密义务的劳动者,用人单位可以在劳动合同或者保密协议中与劳动者约定竞业限制条款,并约定在解除或者终止劳动合同后,在竞业限制期限内按月给予劳动者经济补偿。劳动者违反竞业限制约定的,应当按照约定向用人单位支付违约金。

第二十四条 【竞业限制的范围和期限】竞业限制的人员限于用人单位的高级管理人员、高级技术人员和其他负有保密义务的人员。竞业限制的范围、地域、期限由用人单位与劳动者约定,竞业限制的约定不得违反法律、法规的规定。

在解除或者终止劳动合同后，前款规定的人员到与本单位生产或者经营同类产品、从事同类业务的有竞争关系的其他用人单位，或者自己开业生产或者经营同类产品、从事同类业务的竞业限制期限，不得超过二年。

59 用人单位开除不能完成工作的员工，要赔偿吗？

疑惑

汤某系甲婚礼策划公司的礼仪人员。一天汤某不幸发生交通事故，手部因伤残无法灵活使用，难以从事原工作，甲公司便安排其任公司前台，但因其手部不方便，汤某的工作始终不顺利，甲公司便通知汤某离职。双方在谈离职补偿时，发生争议。

解析

为了维持合同的稳定性，不论是劳动者还是用人单位皆不能随意解除合同。劳动合同的解除通常有三种情况：一是用人单位与劳动者协商一致解除；二是劳动者单方解除合同；三是用人单位单方解除。

如果是用人单位率先提出协商解除,用人单位需要支付经济补偿。如果用人单位未按照约定提供劳动保护或者条件、支付劳动报酬延迟扣减、未缴纳社会保险费、其规章制度违法而损害劳动者权益等情况时;用人单位强迫劳动者劳动的,或者用人单位违章指挥、强令冒险作业危及劳动者人身安全的,劳动者可以解除劳动合同,要求用人单位支付经济补偿。

如果劳动者生病或者非工作原因受伤,在规定的医疗期满后既不能从事原工作也不能从事其他岗位;劳动者因无法胜任工作已经经过培训或者调整工作岗位后,仍不能胜任工作的;订立合同时的客观情况发生重大变化,合同目的无法达成,协商未果;依照《企业破产法》规定重整需要裁员时,用人单位在解除合同时也需要支付经济补偿。

政策法律依据

《中华人民共和国劳动合同法》

第三十六条　【协商解除劳动合同】用人单位与劳动者协商一致,可以解除劳动合同。

第三十七条　【劳动者提前通知解除劳动合同】劳动者提前三十日以书面形式通知用人单位,可以解除劳动合同。劳动者在试用期内提前三日通知用人单位,可以解除劳动合同。

第三十八条　【劳动者单方解除劳动合同】用人单位有下列情形

之一的,劳动者可以解除劳动合同:

(一)未按照劳动合同约定提供劳动保护或者劳动条件的;

(二)未及时足额支付劳动报酬的;

(三)未依法为劳动者缴纳社会保险费的;

(四)用人单位的规章制度违反法律、法规的规定,损害劳动者权益的;

(五)因本法第二十六条第一款规定的情形致使劳动合同无效的;

(六)法律、行政法规规定劳动者可以解除劳动合同的其他情形。

用人单位以暴力、威胁或者非法限制人身自由的手段强迫劳动者劳动的,或者用人单位违章指挥、强令冒险作业危及劳动者人身安全的,劳动者可以立即解除劳动合同,不需事先告知用人单位。

第三十九条 【用人单位单方解除劳动合同(过失性辞退)】劳动者有下列情形之一的,用人单位可以解除劳动合同:

(一)在试用期间被证明不符合录用条件的;

(二)严重违反用人单位的规章制度的;

(三)严重失职,营私舞弊,给用人单位造成重大损害的;

(四)劳动者同时与其他用人单位建立劳动关系,对完成本单位的工作任务造成严重影响,或者经用人单位提出,拒不改正的;

(五)因本法第二十六条第一款第一项规定的情形致使劳动合同无效的;

(六)被依法追究刑事责任的。

第四十条 【无过失性辞退】有下列情形之一的,用人单位提前三十日以书面形式通知劳动者本人或者额外支付劳动者一个月工资后，可以解除劳动合同：

（一）劳动者患病或者非因工负伤，在规定的医疗期满后不能从事原工作，也不能从事由用人单位另行安排的工作的；

（二）劳动者不能胜任工作，经过培训或者调整工作岗位，仍不能胜任工作的；

（三）劳动合同订立时所依据的客观情况发生重大变化，致使劳动合同无法履行，经用人单位与劳动者协商，未能就变更劳动合同内容达成协议的。

第四十一条　【经济性裁员】有下列情形之一，需要裁减人员二十人以上或者裁减不足二十人但占企业职工总数百分之十以上的，用人单位提前三十日向工会或者全体职工说明情况，听取工会或者职工的意见后，裁减人员方案经向劳动行政部门报告，可以裁减人员：

（一）依照企业破产法规定进行重整的；

（二）生产经营发生严重困难的；

（三）企业转产、重大技术革新或者经营方式调整，经变更劳动合同后，仍需裁减人员的；

（四）其他因劳动合同订立时所依据的客观经济情况发生重大变化，致使劳动合同无法履行的。

裁减人员时，应当优先留用下列人员：

（一）与本单位订立较长期限的固定期限劳动合同的；

（二）与本单位订立无固定期限劳动合同的；

（三）家庭无其他就业人员，有需要扶养的老人或者未成年人的。

用人单位依照本条第一款规定裁减人员，在六个月内重新招用人员的，应当通知被裁减的人员，并在同等条件下优先招用被裁减的人员。

第四十四条　【劳动合同的终止】有下列情形之一的，劳动合同终止：

（一）劳动合同期满的；

（二）劳动者开始依法享受基本养老保险待遇的；

（三）劳动者死亡，或者被人民法院宣告死亡或者宣告失踪的；

（四）用人单位被依法宣告破产的；

（五）用人单位被吊销营业执照、责令关闭、撤销或者用人单位决定提前解散的；

（六）法律、行政法规规定的其他情形。

第四十六条　【经济补偿】有下列情形之一的，用人单位应当向劳动者支付经济补偿：

（一）劳动者依照本法第三十八条规定解除劳动合同的；

（二）用人单位依照本法第三十六条规定向劳动者提出解除劳动合同并与劳动者协商一致解除劳动合同的；

（三）用人单位依照本法第四十条规定解除劳动合同的；

（四）用人单位依照本法第四十一条第一款规定解除劳动合同的；

（五）除用人单位维持或者提高劳动合同约定条件续订劳动合同，劳动者不同意续订的情形外，依照本法第四十四条第一项规定终止固定期限劳动合同的；

（六）依照本法第四十四条第四项、第五项规定终止劳动合同的；

（七）法律、行政法规规定的其他情形。

60 公司没有在员工入职时就为其缴纳社保，员工可以此解除合同并索赔吗？

疑惑

范某在甲快递公司从事快递派送业务，与甲公司签订了劳动合同，合同期限3年，工资每个月5000元。甲公司在范某入职6个月后才开始为范某缴纳社保。后范某与公司领导相处不愉快，便以甲公司未按法律规定及时为其缴纳社保为由，要求解除劳动合同，并要求甲公司支付经济补偿。甲公司同意解除合同，但不同意支付经济补偿。

解析

用人单位应当缴纳基本养老保险费、基本医疗保险费、工伤保险费、失业保险费、生育保险费。用人单位不为员工办理社会保险登记的，社会保险行政部门将会对单位责令限期改正，拒不改正的，有关部门会对用人单位及其直接负责的主管人员和其他直接责任人员处以罚款。用人单位未按时足额缴纳社会保险费的需要补足,并自欠缴之日起,按日加收万分之五的滞纳金;逾期仍不缴纳的,将被处以罚款。

未缴纳社保和未及时缴纳社保属于两种情形,鉴于甲公司已开始为范某缴纳社保,故范某无法以甲公司未及时为其缴纳社保为由要求甲公司支付经济补偿。基于此,范某同意与甲公司达成调解协议,其放弃让甲公司为其补缴社保的要求,改由甲公司直接对其进行适当的现金补偿。

政策法律依据

《中华人民共和国社会保险法》

第十条　职工应当参加基本养老保险,由用人单位和职工共同缴纳基本养老保险费。

无雇工的个体工商户、未在用人单位参加基本养老保险的非全日制从业人员以及其他灵活就业人员可以参加基本养老保险,由个人缴纳基本养老保险费。

公务员和参照公务员法管理的工作人员养老保险的办法由国务院规定。

第二十三条　职工应当参加职工基本医疗保险,由用人单位和职工按照国家规定共同缴纳基本医疗保险费。

无雇工的个体工商户、未在用人单位参加职工基本医疗保险的非全日制从业人员以及其他灵活就业人员可以参加职工基本医疗保险,由个人按照国家规定缴纳基本医疗保险费。

第三十三条 职工应当参加工伤保险,由用人单位缴纳工伤保险费,职工不缴纳工伤保险费。

第四十四条 职工应当参加失业保险,由用人单位和职工按照国家规定共同缴纳失业保险费。

第五十三条 职工应当参加生育保险,由用人单位按照国家规定缴纳生育保险费,职工不缴纳生育保险费。

第八十四条 用人单位不办理社会保险登记的,由社会保险行政部门责令限期改正;逾期不改正的,对用人单位处应缴社会保险费数额一倍以上三倍以下的罚款,对其直接负责的主管人员和其他直接责任人员处五百元以上三千元以下的罚款。

第八十六条 用人单位未按时足额缴纳社会保险费的,由社会保险费征收机构责令限期缴纳或者补足,并自欠缴之日起,按日加收万分之五的滞纳金;逾期仍不缴纳的,由有关行政部门处欠缴数额一倍以上三倍以下的罚款。

《中华人民共和国劳动合同法》

第三十八条 【劳动者单方解除劳动合同】用人单位有下列情形之一的,劳动者可以解除劳动合同:

(一)未按照劳动合同约定提供劳动保护或者劳动条件的;

(二)未及时足额支付劳动报酬的;

(三)未依法为劳动者缴纳社会保险费的;

(四)用人单位的规章制度违反法律、法规的规定,损害劳动者权益的;

（五）因本法第二十六条第一款规定的情形致使劳动合同无效的；

（六）法律、行政法规规定劳动者可以解除劳动合同的其他情形。

用人单位以暴力、威胁或者非法限制人身自由的手段强迫劳动者劳动的，或者用人单位违章指挥、强令冒险作业危及劳动者人身安全的，劳动者可以立即解除劳动合同，不需事先告知用人单位。

《中华人民共和国劳动合同法实施条例》

第十六条　劳动合同法第二十二条第二款规定的培训费用，包括用人单位为了对劳动者进行专业技术培训而支付的有凭证的培训费用、培训期间的差旅费用以及因培训产生的用于该劳动者的其他直接费用。

CHAPTER

7

第七章

物业纠纷的调解

61 一楼用户能以不使用电梯为由不缴纳电梯维修费用吗?

疑惑

甲物业公司为林某所居住的小区的物业服务公司,林某是小区1号楼101室的业主。2021年,甲物业公司与小区业主委员会签订《物业管理服务合同》,约定物业费为每月每平方米0.45元,电梯维修费按照每户每月25元。合同签订后,甲物业公司按照约定对小区进行安保、绿化、保洁等工作以及电梯等共用设备日常维修的工作。林某在交纳4个月电梯费后发现自己住在一楼,也没有购买车辆,未曾下过地下室,自己家里的衣物也不需要拿到顶楼晒,自搬进小区后,从来没有使用过电梯,故自2021年5月开始林某拒绝交纳电梯费。甲物业公司多次催缴,林某均不予配合,双方争执不下,甲物业公司请来调解员予以调解。

解析

业主对共有部分享有共有和共同管理的权利。其中共有不仅包括共有的权利,如占有、使用、收益或者处分,还包括共负义务。《民法典》第273条第1款规定:“业主对建筑物专有部分以外的共有部分,享有权利,承担义务;不得以放弃权利为由不履行义务。”小区的电梯属于业主共有部分,电梯维修费用属于公共设施维护费,应当由全体业主共同负担。本案中,甲物业公司已经与小区业主委员会签订了《物业管理服务合同》,依法成立的合同受法律保护,合同中已经明确约定电梯维修费的收费标准,业主应该按照合同约定履行自己的义务。业主不能以不使用电梯为由,不交纳电梯维修费用。经调解后,林某知晓自己的行为违反法律规定,按约交纳了电梯维修费用。

政策法律依据

《中华人民共和国民法典》第二百七十一条、第二百七十三条

62 车位所有权属于房开公司还是属于业主全体共有?

疑惑

甲房开公司系某公寓的开发商,李某、叶某系公寓的业主。公寓因开发周期长,所以在对外销售房屋时前后采用了两个版本的合同文本,但不论是哪个版本的合同,都明确约定了公寓地下室车库属于房开公司所有,由房开公司出售。李某、叶某故意对外宣称车位系全体业主共有,要求物业公司开放车闸,使所有业主可以自由停放车位。房开公司为了管理车位,无奈对车位安装了车位锁。但是李某与叶某不仅恶意拆除车位锁,还在车位上喷涂"共享车位"字样,同时阻挠公寓其他业主向房开公司购买车位。双方矛盾越闹越大,便向调解机构要求组织调解。

解析

小区内的车位所有权归属业主共有还是房开公司所有,需要根据不同的情况加以区分。《民法典》第 275 条明确规定:"建筑区划内,规划用于停放汽车的车位、车库的归属,由当事人通过出售、附赠或者出租等方式约定。占用业主共有的道路或者其他场地用于停放汽车的车位,属于业主共有。"《最高人民法院关于审理建筑物区分所有权纠纷案件适用法律若干问题的解释》第 6 条规定:"建筑区划内在规划用于停放汽车的车位之外,占用业主共有道路或者其他场地增设的车位,应当认定为中华人民共和国民法典第二百七十五条第二款所称的车位。"可见,车库的归属一般在购房之际就由房开公司和业主进行自主约定,当然,根据法律的规定,车库应当优先满足业主的需要。本案中,双方在房屋销售合同中已经就车位由房开公司出售给业主达成一致,公寓的车位数也大于小区房屋套数。调解员耐心劝说李某、叶某将车位恢复原状,并不再干扰房开公司出售车位，避免了一场诉讼。

政策法律依据

《中华人民共和国民法典》第二百七十五条、第二百七十六条

《最高人民法院关于审理建筑物区分所有权纠纷案件适用法律若干问题的解释》

第五条 建设单位按照配置比例将车位、车库，以出售、附赠或者出租等方式处分给业主的，应当认定其行为符合民法典第二百七十六条有关“应当首先满足业主的需要”的规定。

前款所称配置比例是指规划确定的建筑区划内规划用于停放汽车的车位、车库与房屋套数的比例。

第六条 建筑区划内在规划用于停放汽车的车位之外，占用业主共有道路或者其他场地增设的车位，应当认定为民法典第二百七十五条第二款所称的车位。

63 业主委员会能否出租业主共有的商铺？

疑惑

某小区于2020年成立业主委员会，确定组长及委员共18人。

2021 年 1 月小区业主委员会决定将小区内一栋业主共有的商铺对外出租,但因为小区人数众多,无法征求所有人的意见,业主委员会组长认为在小区门口张贴告示告知业主出租事宜能达到一样的效果,遂将告示在小区门口公示 1 个月。直到 2021 年 2 月,业主委员会并未收到任何业主的异议,业主委员会就通过报纸刊登商铺出租公告,最终以互相竞价的方式确定由黄某承租。2021 年 3 月,业主陈某知晓此事,认为自己事先并不知晓商铺出租情况,对后续出租给黄某、租金等情况更是一无所知,业主委员会私自出租商铺损害了自己的合法权益。

解析

小区业主人数众多,故法律规定业主可以成立业主大会并选举业主委员会,由业主委员会在授权范围内代表业主履行一定的职责,但是有些事项只能由业主共同决定。《民法典》第 278 条规定:“下列事项由业主共同决定:(一)制定和修改业主大会议事规则;(二)制定和修改管理规约;(三)选举业主委员会或者更换业主委员会成员;(四)选聘和解聘物业服务企业或者其他管理人;(五)使用建筑物及其附属设施的维修资金;(六)筹集建筑物及其附属设施的维修资金;(七)改建、重建建筑物及其附属设施;(八)改变共有部分的用途或者利用共有部分从事经营活动;(九)有关共有和共同管理权利的其他重大事项。业主共同决定事项,应当由专有部分面积占比三分之二以上的业主且人数占比三分之二以上的业主参与表决。决定前款第六项至第八项规定的事项,应当经参与表决专有部分面积四分之三以上的业主且参与表决人数四分之三以上的业主同意。决定前款其他事项,应当经参与表决专有部分面积过半数的业主且参与表决人数过半数的业主同意。”

本案中,业主委员会要出租商铺的事宜没有经过专有部分面积占比2/3以上的业主且人数占比2/3以上的业主参与表决,也没有达到法律规定的参与表决专有部分面积3/4以上的业主且参与表决人数3/4以上的业主同意,故业主委员会的决定违法。在调解员对法律的讲解下,为了维护合同的稳定性,陈某同意业主委员会出租事宜,业主委员会在调解之后将出租情况告知每户业主并征得了所有业主的同意。

政策法律依据

《中华人民共和国民法典》第二百七十七条、第二百七十八条

《物业管理条例》

第六条 房屋的所有权人为业主。

业主在物业管理活动中,享有下列权利:

(一)按照物业服务合同的约定,接受物业服务企业提供的服务;

(二)提议召开业主大会会议,并就物业管理的有关事项提出建议;

(三)提出制定和修改管理规约、业主大会议事规则的建议;

(四)参加业主大会会议,行使投票权;

(五)选举业主委员会成员,并享有被选举权;

(六)监督业主委员会的工作;

(七)监督物业服务企业履行物业服务合同;

(八)对物业共用部位、共用设施设备和相关场地使用情况享有知情权和监督权;

(九)监督物业共用部位、共用设施设备专项维修资金(以下简称专项维修资金)的管理和使用;

(十)法律、法规规定的其他权利。

第八条　物业管理区域内全体业主组成业主大会。

业主大会应当代表和维护物业管理区域内全体业主在物业管理活动中的合法权益。

第十一条　下列事项由业主共同决定:

(一)制定和修改业主大会议事规则;

(二)制定和修改管理规约;

(三)选举业主委员会或者更换业主委员会成员;

(四)选聘和解聘物业服务企业;

(五)筹集和使用专项维修资金;

(六)改建、重建建筑物及其附属设施;

(七)有关共有和共同管理权利的其他重大事项。

第十二条　业主大会会议可以采用集体讨论的形式,也可以采用书面征求意见的形式;但是,应当有物业管理区域内专有部分占建筑物总面积过半数的业主且占总人数过半数的业主参加。

业主可以委托代理人参加业主大会会议。

业主大会决定本条例第十一条第(五)项和第(六)项规定的事项,应当经专有部分占建筑物总面积2/3以上的业主且占总人数2/3以上的业主同意;决定本条例第十一条规定的其他事项,应当经专有部分占建筑物总面积过半数的业主且占总人数过半数的业主同意。

业主大会或者业主委员会的决定,对业主具有约束力。

业主大会或者业主委员会作出的决定侵害业主合法权益的,受侵害的业主可以请求人民法院予以撤销。

《中华人民共和国消防法》

第二十八条 任何单位、个人不得损坏、挪用或者擅自拆除、停用消防设施、器材,不得埋压、圈占、遮挡消火栓或者占用防火间距,不得占用、堵塞、封闭疏散通道、安全出口、消防车通道。人员密集场所的门窗不得设置影响逃生和灭火救援的障碍物。

64 业主可以将自己的住宅作为经营性用房吗?

疑惑

祝某是甲市知名的钢琴家,在当地坐拥多套房产,其中一套房产为美丽小区三号楼 101 室，房屋规划用途为普通住宅。因为房屋太多，祝某打算将美丽小区的房屋用作钢琴教室，学生们仰慕祝某纷纷报名，于是从早上 8 时开始到晚上 10 时，101 室总能传出美妙的音乐。这可给 201 室的住户马某带来了烦恼，马某的小孩小马马上要中考，在家里学习时听着楼下的钢琴声就无心学习。马某与祝某就此发生争执，前往人民调解委员会进行调解。

解析

《民法典》第 279 条规定："业主不得违反法律、法规以及管理规约，将住宅改变为经营性用房。业主将住宅改变为经营性用房的，除遵守法律、法规以及管理规约外，应当经有利害关系的业主一致同意。"相关的司法解释还规定变更房屋性质的业主不能以多数有利害关系的业主已经同意为由进行抗辩，只要是本栋建筑物的其他业主，或者能证明房屋价值、生活质量会被影响的建筑物之外的业主都可以"请求排除妨害、消除危险、恢复原状或者赔偿损失"。祝某没有经过有利害关系的业主的同意就开设钢琴课，将住宅变为经营性场所，影响其他业主的生活，已经违反法律的规定，在调解员对祝某进行普法后，祝某同意关闭钢琴教室。

政策法律依据

《中华人民共和国民法典》第二百七十九条

《最高人民法院关于审理建筑物区分所有权纠纷案件适用法律若干问题的解释》

第十条 业主将住宅改变为经营性用房，未依据民法典第二百七十九条的规定经有利害关系的业主一致同意，有利害关系的业主请求排除妨害、消除危险、恢复原状或者赔偿损失的，人民法院应予支持。

将住宅改变为经营性用房的业主以多数有利害关系的业主同意其行为进行抗辩的，人民法院不予支持。

第十一条 业主将住宅改变为经营性用房，本栋建筑物内的其他业主，应当认定为民法典第二百七十九条所称"有利害关系的业主"。建筑区划内，本栋建筑物之外的业主，主张与自己有利害关系的，应证明其房屋价值、生活质量受到或者可能受到不利影响。

65 业委会作出的决定损害业主合法权益，如何救济？

疑惑

甲小区业委会成立于 2018 年，王某系小区业主，2015 年购买房屋时同时购买地下室停车场车位的使用权。2021 年王某购入一辆电动汽车，向物业公司申请出具同意安装新能源充电桩的证明，物业公司告知需要业委会事先同意。后业委会进行投票，因有些业主害怕车辆在充电过程中发生爆炸会引起火灾，故不允许安装充电桩，最终超过小区总户数2/3的人反对，业委会作出不允许在小区地下停车场安装任何汽车充电桩的决议。王某未能取得同意书面文书，无法安装充电桩，找到调解部门协商，如果协商不成将提起诉讼。

解析

业主大会作出的决议，实际上是一种少数服从多数的表决规则而形成的意思表示，对全体业主都有法律约束力。为了保护少数持有不同意见的成员的利益，《民法典》第280条第2款规定："业主大会或者业主委员会作出的决定侵害业主合法权益的，受侵害的业主可以请求人民法院予以撤销"，从而赋予业主撤销权。业主应当在知道或者应当知道决议之日起1年内行使，撤销判决生效后，决议自始没有法律约束力。王某在长期使用的车位上安装充电桩属于正常行使权利的行为，没有对他人权利造成影响，也不属于需要全体业主同意的事项。在调解员的调解下，业委会和物业公司同意王某安装充电桩。

政策法律依据

《中华人民共和国民法典》第二百八十条

《最高人民法院关于审理建筑物区分所有权纠纷案件适用法律若干问题的解释》

第十二条 业主以业主大会或者业主委员会作出的决定侵害其合法权益或者违反了法律规定的程序为由，依据民法典第二百八十条第二款的规定请求人民法院撤销该决定的，应当在知道或者应当知道业主大会或者业主委员会作出决定之日起一年内行使。

《物业管理条例》

第十一条 下列事项由业主共同决定：

（一）制定和修改业主大会议事规则；

（二）制定和修改管理规约；

（三）选举业主委员会或者更换业主委员会成员；

（四）选聘和解聘物业服务企业；

（五）筹集和使用专项维修资金；

（六）改建、重建建筑物及其附属设施；

（七）有关共有和共同管理权利的其他重大事项。

66 物业费的收费标准是什么？

疑惑

某小区自2019年4月交付至今，尚未成立业主委员会，某物业服务公司收取物业费为每月 4.5 元/平方米，另收取公摊物业费为每月 0.6 元/平方米，合计每月 5.1 元/平方米。根据当地的普通住宅物业服务收费基准价的通知，房地产开发公司可按普通住宅物业服务收费基准价高层一级为每月 1.7 元/平方米，最高上浮幅度 30%，上浮后最高收费标准为每月 2.21 元/平方米。小区业主们认为物业费过高，不愿意缴纳物业费，并要求退还之前超额的物业费。业主们经网络问政平台多次反映物业费问题后，物业公司与业主们就收费问题进行了调解。

解析

物业费根据不同的情况实行政府指导价和市场调节价，具体定价由当地价格主管部门会同房地产行政主管部门确定。各地都有各自的规定，一般来说都规定未成立业主大会的住宅小区实行政府指导价，已经成立业主大会或者业主委员会的小区实行市场调节价。如《浙江省定价目录》中规定，市辖区内普通住宅小区前期物业服务收费授权市人民政府指导定价。本案中，调解员告知物业公司，若是违规，业主们可以去市场监督管理局进行投诉或举报，后双方达成一致意见，物业公司自动调整物业费为基准价上浮最高收费标准，并退还超出部分款项。

政策法律依据

《国家发展和改革委员会会、建设部关于印发物业服务收费管理办法的通知》

第六条 物业服务收费应当区分不同物业的性质和特点分别实行政府指导价和市场调节价。具体定价形式由省、自治区、直辖市人民政府价格主管部门会同房地产行政主管部门确定。

第七条 物业服务收费实行政府指导价的，有定价权限的人民政府价格主管部门应当会同房地产行政主管部门根据物业管理服务等级标准等因素，制定相应的基准价及其浮动幅度，并定期公布。具体收费标准由业主与物业管理企业根据规定的基准价和浮动幅度在物业服务合同中约定。

实行市场调节价的物业服务收费，由业主与物业管理企业在物业服务合同中约定。

《最高人民法院关于审理物业服务纠纷案件适用法律若干问题的解释》

第二条 物业服务人违反物业服务合同约定或者法律、法规、部门规章规定，擅自扩大收费范围、提高收费标准或者重复收费，业主以违规收费为由提出抗辩的，人民法院应予支持。

业主请求物业服务人退还其已经收取的违规费用的，人民法院应予支持。

67 物业公司帮业主代办水电费，可以向业主收取费用吗?

疑惑

甲物业公司自2020年入驻太阳小区，何某系该小区的业主，物业公司与何某签订《前期物业服务协议》，对双方的权利义务、物业费用、款项支付时间和方式、违约责任等进行了具体约定，其中特别约定物业公司帮业主代办水电费用代收服务费5%。后何某认为代收水电费是物业公司的本职工作，不应该收取服务费，经物业公司多次催缴后仍不缴纳水电费，因涉案金额小，物业公司找到调解部门介入调解。

解析

《物业管理条例》第44条规定："物业管理区域内，供水、供电、供气、供热、通信、有线电视等单位应当向最终用户收取有关费用。物业服务企业接受委托代收前款费用的，不得向业主收取手续费等额外费用。"后经调解员协调，物业公司只收取水电费，不收取服务费，何某也按时缴纳了水电费。

政策法律依据

《物业管理条例》

第四十四条 物业管理区域内，供水、供电、供气、供热、通信、有线电视等单位应当向最终用户收取有关费用。

物业服务企业接受委托代收前款费用的，不得向业主收取手续费等额外费用。

68 物业安保不到位，导致业主财物被盗，是否需要承担责任？

疑惑

甲物业公司系某平安小区物业服务单位，李某系该小区1号楼2楼的业主，在物业公司与业主委员会签订的前期物业服务合同中明确约定，物业公司负责小区的安保服务，应派驻保安24小时不间断值班，对进出小区的人员进行管理。合同签订后李某皆按时缴纳物业费用。2022年2月，李某回到家中，发现家中贵重物品以及金银首饰被洗劫一空。李某调取小区监控后发现，案发时正在值班的物业公司的保安人员因为失恋，时不时跑到角落默默抽烟、暗自流泪，一个戴着口罩的男子乘机溜入小区，并于2小时后悄悄溜出小区，该男子反侦查手段一流，已经无法找到。李某遂要求物业公司承担赔偿责任。

解析

物业服务企业收取业主们的物业费，相应地，也应当按照物业服务合同的有关约定，提供约定的服务。根据《物业管理条例》第35条第2款规定，“物业服务企业未能履行物业服务合同的约定，导致业主人身、财产安全受到损害的，应当依法承担相应的法律责任”。本案中，物业服务合同明确约定了安保人员应该24小时值班，因安保人员的擅离职守才导致业主财产损失，物业公司应该承担赔偿责任。最后经协商，物业公司赔偿李某10万元。

政策法律依据

《物业管理条例》

第三十五条　物业服务企业应当按照物业服务合同的约定，提供相应的服务。

物业服务企业未能履行物业服务合同的约定，导致业主人身、财产安全受到损害的，应当依法承担相应的法律责任。

69 物业服务期到期，业主委员会选择新的物业公司，原物业公司拒不退出，是否可以收取物业费？

疑惑

某物业公司与某小区业主委员会签订了为期 3 年的《物业服务合同书》,2020 年 8 月合同到期后,因为多数业主反映物业公司在管理中存在快递不及时送到家门口、维修速度缓慢等问题,服务不合格,于是在业主共同决定下业主委员会选择更换物业公司。2020 年 9 月业主委员会将更换物业公司的决定告知原物业公司,原物业公司拒不配合交接材料,2020 年 12 月新的物业公司入驻小区。现原物业公司要求支付 2020 年 9 月至 12 月的物业费。

解析

根据《物业管理条例》和《民法典》第 949 条第 1 款的规定,物业服务合同终止时,原来的物业服务企业应当在约定期限或者合理期限内退出,并将物业管理用房和相关的资料交还给业主委员会,并与新的物业公司做好交接工作。《民法典》第 949 条第 2 款规定:“原物业服务人违反前款规定的，不得请求业主支付物业服务合同终止后的物业费；造成业主损失的，应当赔偿损失。”第950条规定：“物业服务合同终止后，在业主或者业主大会选聘的新物业服务人或者决定自行管理的业主接管之前，原物业服务人应当继续处理物业服务事项，并可以请求业主支付该期间的物业费。”

现原物业公司违反了法律规定的交接义务，请求相应物业费的，不应被支持，但是考虑到原物业公司仍在服务，在调解员的调解下，业主委员会同意支付一部分款项给原物业公司。

政策法律依据

《中华人民共和国民法典》第九百四十九条、第九百五十条

《物业管理条例》

第三十八条　物业服务合同终止时，物业服务企业应当将物业管理用房和本条例第二十九条第一款规定的资料交还给业主委员会。

物业服务合同终止时，业主大会选聘了新的物业服务企业的，物业服务企业之间应当做好交接工作。

70 把房屋租给他人，房东是不是不用支付物业服务费用？

疑惑

潘某将房屋出租给刘某,《租赁合同》约定了租赁期限、租金及其支付期限和方式、租赁物维修等条款,同时约定水、电、气费由承租人自行承担,使用房屋所产生的各项费用均由承租方自行承担,包括但不限于宽带、有线电视等设备的费用。租赁期间内,出租人支付了物业管理费,租赁到期后,出租人认为这笔费用应该由承租人承担,两人发生纠纷。

解析

《物业管理条例》第41条第1款规定:“业主应当根据物业服务合同的约定交纳物业服务费用。业主与物业使用人约定由物业使用人交纳物业服务费用的,从其约定,业主负连带交纳责任。”本案中,承租人与出租人在合同中并没有就物业管理费用进行明确的约定,如果出租人认为物业管理费包含在“使用房屋所产生的各项费用”中,那么理应在交纳租赁费用时提醒承租人交纳物业管理费用。最后,承租人自己承担了物业管理费用。

政策法律依据

《物业管理条例》

第四十一条　业主应当根据物业服务合同的约定交纳物业服务费用。业主与物业使用人约定由物业使用人交纳物业服务费用的,从其约定,业主负连带交纳责任。

已竣工但尚未出售或者尚未交给物业买受人的物业,物业服务费用由建设单位交纳。

CHAPTER

8

第八章

相邻纠纷的调解

71 他人改建房屋影响采光如何解决？

疑惑

戴某和林某系邻居，戴某的房屋坐落在被告房屋的西侧，林某房屋的卧室窗与戴某阳台相邻。林某为了自己进出方便，将卧室的窗户改建为门，并在门上搭建遮阳棚以达到遮阳效果。戴某已经退休，平日最爱在阳台上晒晒太阳喝喝茶，可自从林某改建门窗并搭建遮阳棚之后，戴某发现自己阳台的采光量急剧减少，以前可以晒 3 ~4 小时的太阳，现在连 2 小时也晒不到。戴某找到林某，要求林某拆除遮阳棚，林某认为自己是在自家门上搭建，并没有在戴某家里搭建，坚决不肯拆除。双方发生矛盾，来到人民调解委员会。

解析

常言道远亲不如近邻，《民法典》第 288 条规定："不动产的相邻权利人应当按照有利生产、方便生活、团结互助、公平合理的原则，正确处理相邻关系。"林某为了自家方便，没有和戴某商量，未经戴某同意就改窗为门，并在门上搭建遮阳棚，已经影响相邻权利人戴某的阳台采光，应当拆除遮阳棚。在调解员的劝说下，林某拆除遮阳棚，邻里矛盾得以缓解。对自己房屋进行改建的前提是不能损害到他人特别是相邻权利人的合法权益，不能对他人的生活造成不利影响。

政策法律依据

《中华人民共和国民法典》第二百八十八条、第二百九十三条

72 可以在楼道或房屋旁边道路安装监控吗？

疑惑

张某与宋某两家的房屋系东西相接的呈L形的联排别墅，共用一个南北走向的通道，通道两侧有木质棚架，种植些许葡萄藤，宋某在葡萄架上安装了2个白色摄像头，第一个面朝西北地面，第二个面朝东北地面。除此之外，宋某还在自己房屋外墙靠近张某家的拐角处安装了一个监控摄像头，面朝东北方向。张某认为宋某安装的监控数量过多，且摄像头方向可自由调节，会时刻监控着自己家客厅、房间的情况，宋某安装摄像头的行为侵犯了自己的个人隐私，要求其拆除。宋某认为自己安装监控的目的只是监控人员进出自己家里，并没有不当的目的。于是张某也安装了5个摄像头进行报复，双方

矛盾越闹越大，来到调解部门寻求帮助。

解析

法律虽然并不禁止个人安装摄像头，但个人使用时不得侵犯到他人的个人隐私，如对他人私密空间进行录音录像监控的行为，因侵犯他人隐私权，不被法律所允许。如果是为了安全防护安装摄像头，摄像头的方向不足以构成对隐私的窥探，那么即使摄像头会拍到房屋内的局部画面，也不必拆除。本案中，调解员在实地观察安装的摄像头的位置以及所拍摄的范围后，劝双方拆除了存在侵权隐患的摄像头。

政策法律依据

《中华人民共和国民法典》第一百一十条、第一千零三十二条、第一千零三十三条

73 可以随意拓宽相邻不动产上的道路吗？

疑惑

黄某的房屋与朱某的房屋属于同一村居，黄某的房屋坐落于朱某房屋的后方。朱某房屋后面有一片经济林林地，使用权权利人为朱某，主要树种为桃树，朱某同时对林地范围内的森林或林木享有所有权、使用权。经济林林地内有一条存续15年之久的历史性小路可以通往黄某家中，道路狭窄，破旧不堪。后黄某为了行走方便对其进行修建，并自行拓宽道路，占用了朱某的林地，并损坏了一定数量的桃树。朱某认为黄某拓宽道路的行为损害了自己的桃树，要求他立刻缩小道路宽度，并重新栽种桃树。黄某认为从这里通行只有这一条路，如果不拓宽道路车辆无法进入。双方因此发生口角，闹到人民调解委员会。

解析

不动产的相邻权利人在相处过程中需要互相理解、友好协商，并尽可能为相邻权利人提供便利。《民法典》第291条规定："不动产权利人对相邻权利人因通行等必须利用其土地的，应当提供必要的便利。"本案中，黄某唯有这一条道路可以通行，虽然道路经过朱某的经济林，朱某也应该提供便利，且现在社会经济的发展迅速，村级道路的建设已经以车辆入户为标准，所以道路的通行限度应当拓宽。但是提供便利也不是无限度的，法律将通行权限制在合理的范围内。《民法典》第296条规定："不动产权利人因用水、排水、通行、铺设管线等利用相邻不动产的，应当尽量避免对相邻的不动产权利人造成损害。"即因通行利用相邻不动产，如果确要造成损害的，应该事先与不动产权利人进行协商，在利用过程中，需尽量保护不动产权利人的财产不受到损害。调解员告知朱某,道路已经建设完毕,也在合理的限度内,朱某需提供必要的便利;同时调解员也告知黄某,拓宽道路的行为造成了朱某桃树的损害,应当给予一定的赔偿。

政策法律依据

《中华人民共和国民法典》第二百八十八条、第二百九十一条、第二百九十六条

74 安装自己的空调外挂机有什么要求?

疑惑

周某与叶某系某小区上下楼邻居,该小区在楼体东西外侧设置了空调外挂的机位。周某给卧室安装空调时装在了东向的空调外挂机位上,导致客厅安装空调时,没有地方可以安装外挂机,于是周某将客厅的空调外挂机安装在叶某阳台上方。叶某认为在阳台上安装的空调外挂机产生噪声且威胁自己的生命安全,冷凝水会滴落在阳台上,更危险的是曾经自己在阳台上晒衣服时,周某家的空调外罩掉落,幸亏自己身手敏捷躲得快,不然就进医院了,坚决要求周某拆除阳台上方的空调外挂机。

解析

不动产权利人可以自行对自己的房屋进行装修、安装设备，但是《民法典》第295条规定："不动产权利人挖掘土地、建造建筑物、铺设管线以及安装设备等，不得危及相邻不动产的安全。"如果造成妨害的，应该停止侵害，排除妨害。本案中，周某家的空调外挂机已经对叶某的生命安全构成威胁，在调解员的劝说下，周某经与叶某协商变更了客厅的空调外挂机的位置。

政策法律依据

《中华人民共和国民法典》第二百八十八条、第二百九十五条、第一千一百六十七条

《家用和类似用途空调器安装规范》(GB 17790—2008)

5.6 冷凝水排除

空调器冷凝水的排放不得妨碍他人的正常生活、工作。在道路和公共通道两侧建筑物安装的空调器，不宜将其冷凝水排放到建筑物墙面上和室外路面上。

5.8.4.2 空调器的室外机组应尽可能地远离相邻方的门窗和绿色植物，与对方门窗距离不得小于下述值：

a)空调器额定制冷量不大于4.5kW的为3m；

b)空调器额定制冷量大于4.5kW的为4m。

注：确因条件所限达不到要求时，应与相关方进行协商解决或采取相应的保护措施。

75 邻居将杂物放置消防安全通道或者影响消防通道通行怎么办？

疑惑

卢某和汤某共同居住在某院子里，院子内共有5户住户，院子里只有一条通道与外连接，5户住户进出只能借助这条通道。卢某的房屋入户门恰恰就在通道中间，原本入户门的开启方式为向内开启，卢某未经其他邻居同意，悄悄地将入户门改造成向外开启的方式。这导致开门时其他住户需要等待，给住户们的日常通行带来了不便，也给住户们的安全疏散埋下隐患，曾经还发生卢某开门误撞通行人员的事情。卢某还将小孩子的推车折叠起来放在门旁，导致道路更加拥堵，推车还经常倒塌在地上，汤某出行都要先将其捡起再通过。汤某为此和卢某发生矛盾，汤某要求卢某将房屋改为原来的开启方式并清除杂物。

解析

邻里和睦是中华民族传统美德,邻居相处之道既要利己更要顾他人,在行使权利的同时不损害他人利益不仅是道德标准还是法律要求。《消防法》第28条明确禁止占用、堵塞、封闭疏散通道、安全出口、消防车通道。《住宅设计规范》要求住宅设计时对外开启的房屋不应妨碍公共交通及相邻户门开启。本案中,卢某在门口摆放孩子的折叠推车的行为和改造门开启方式的行为都违反法律法规的规定。在调解员的调解下,卢某将门恢复到原来的开启方式并将推车放进自己家中。

政策法律依据

《中华人民共和国民法典》第二百八十八条

《中华人民共和国消防法》

第二十八条 任何单位、个人不得损坏、挪用或者擅自拆除、停用消防设施、器材,不得埋压、圈占、遮挡消火栓或者占用防火间距,不得占用、堵塞、封闭疏散通道、安全出口、消防车通道。人员密集场所的门窗不得设置影响逃生和灭火救援的障碍物。

《住宅设计规范》(GB 50096—2011)

5.8.5 户门应采用具备防盗、隔声功能的防护门。向外开启的户门不应妨碍公共交通及相邻户门开启。

76 房屋的承租人可以要求相邻权人停止侵害，排除妨害吗？

疑惑

唐某系甲小区A幢302室所有权人,2019年9月,唐某为了结婚需要装修新房,唐某改变了原来的房屋户型,将厨房的位置改为卫生间。邵某系小区A幢202室房屋的承租人,2021年5月入住,入住后邵某发现厨房的管道经常臭气熏天、颜色发黄,经调查发现自己承租屋的厨房上面就是唐某房屋的卫生间。邵某感到十分恶心,特别是在厨房做饭时,一听到管道的排水声音,想到楼上是厕所就作呕,邵某找到唐某要求将卫生间恢复原状。唐某认为邵某只是一个承租人,房东都没有对自己提意见,邵某更没有资格对自己提要求,双方各执一词,于是找到人民调解委员会。

解析

相邻权实质上是对所有权的限制和延伸,是指不动产所有人或者用益物权人、占有人基于相邻关系所享有的权利。相邻权规范的主体不仅仅是房屋所有权人还包括房屋使用人。邵某虽然是房屋承租人，仍然是相邻的不动产权利人，可以直接向唐某提出请求。

政策法律依据

《中华人民共和国民法典》第二百八十八条

77 高压线架设在附近，是否构成对相邻权的侵害？

疑惑

孔某居住在甲市，2020年孔某发现电力公司在自己家附近架设新的500千伏高压电线架。孔某找有关公司对房屋与高压电线的水平、垂直距离出具测量报告，发现边线延伸距离为19米，不足20米，孔某认为高压电线的架设事先未经过自己等周边居民同意，严重威胁了自己与家人的生命财产安全，要求电力公司立刻拆除高压线架。

解析

架设高压线路并不必然对架空电力线路保护区内的相邻住户构

成相邻权侵害。调解员耐心向孔某讲解《人民司法案例》的案例，告知实践中一般全面分析“违法行为、妨碍或损害事实、损害事实与违法行为之间的因果关系、主观过错方面”，将“高压送电线路建设项目是否具有合法审批手续、设计施工是否违反有关行业标准或者国家标准、环评预测值是否超过限值等作为判断标准”。孔某家附近的高压电线虽不足 20 米，但是城镇等人口密集地区，架空电力线路保护区的区域可略小于上述规定，且该线架的设置有合法审批手续。

政策法律依据

《电力设施保护条例》

第十条　电力线路保护区：

（一）架空电力线路保护区：导线边线向外侧水平延伸并垂直于地面所形成的两平行面内的区域，在一般地区各级电压导线的边线延伸距离如下：

1－10 千伏	5 米
35－110 千伏	10 米
154－330 千伏	15 米
500 千伏	20 米

在厂矿、城镇等人口密集地区，架空电力线路保护区的区域可略小于上述规定。但各级电压导线边线延伸的距离，不应小于导线边线在最大计算弧垂及最大计算风偏后的水平距离和风偏后距建筑物的安全距离之和。

（二）电力电缆线路保护区：地下电缆为电缆线路地面标桩两侧各0.75米所形成的两平行线内的区域；海底电缆一般为线路两侧各2海里（港内为两侧各100米），江河电缆一般不小于线路两侧各100米（中、小河流一般不小于各50米）所形成的两平行线内的水域。

第二十条 电力设施的建设和保护应尽量避免或减少给国家、集体和个人造成的损失。

《电力设施保护条例实施细则》

第五条 架空电力线路保护区，是为了保证已建架空电力线路的安全运行和保障人民生活的正常供电而必须设置的安全区域。在厂矿、城镇、集镇、村庄等人口密集地区，架空电力线路保护区为导线边线在最大计算风偏后的水平距离和风偏后距建筑物的水平安全距离之和所形成的两平行线内的区域。各级电压导线边线在计算导线最大风偏情况下，距建筑物的水平安全距离如下：

1千伏以下	1.0米
1－10千伏	1.5米
35千伏	3.0米
66－110千伏	4.0米
154－220千伏	5.0米
330千伏	6.0米
500千伏	8.5米

第十五条 架空电力线路一般不得跨越房屋。对架空电力线路通道内的原有房屋，架空电力线路建设单位应当与房屋产权所有者协商搬迁，拆迁费不得超出国家规定标准；特殊情况需要跨越房屋

时，设计建设单位应当采取增加杆塔高度、缩短档距等安全措施，以保证被跨越房屋的安全。被跨越房屋不得再行增加高度。超越房屋的物体高度或房屋周边延伸出的物体长度必须符合安全距离的要求。

78 邻居用水、排水需要经过我的田地，我要提供便利吗？

疑惑

苏某与陈某系同一个村的邻居，村里有一个水塘用于灌溉十几个村民的水田，村民们从水塘挖了水沟使水流到自己的水田。苏某与陈某就是依靠水塘种植生活的村民之一，水塘的水先经过苏某的水田再经过陈某的水田，该水沟不仅用于取水也用于排水。2020年苏某和陈某因琐事争吵，矛盾激化，苏某就在自己的水田和陈某的水田之间砌筑一堵墙，使得陈某水田无法被浇灌，也无法排水。陈某和苏某天天为此事吵架，苏某认为在自己的田地上自己可以为所欲为，陈某不得干涉自己。双方来到人民调解委员会进行调解。

解析

“与邻为善以邻为伴”不仅是我国的外交方针，也是我们与邻居的相处之道。在与邻居生活中,互相理解包容,不要因小矛盾而大动干戈。《民法典》第 290 条规定:“不动产权利人应当为相邻权利人用水、排水提供必要的便利。对自然流水的利用,应当在不动产的相邻权利人之间合理分配。对自然流水的排放,应当尊重自然流向。”对同一水源利用时,各方都可以自用利用,但不能影响相邻方,如果相邻方用水、排水需要利用其他方土地的,土地另一方需提供便利。本案在调解员的调解下,双方解决了自己的小矛盾,苏某同意陈某出资拆毁水泥墙。

政策法律依据

《中华人民共和国民法典》第二百八十八条、第二百九十条

79 邻居总是将垃圾倾倒在我家门前怎么办?

疑惑

甘某和苗某是邻居,两家各有一个女儿,平时关系十分亲密,两家人常有来往。有一天甘某的女儿在和苗某的女儿玩耍过程中不慎将其推倒，导致苗某的女儿脸部擦伤严重。两家因此结下梁子，后来在日常生活中多次发生纠纷。2022 年 3 月，甘某发现连续几天自己出门途中，总能看到家门口通行的道路上堆放着垃圾，散发着一股恶臭。甘某某一天特意早起观察，发现是苗某的女儿偷偷将垃圾倾倒在自己家的通行道路上。

解析

《民法典》第 294 条规定："不动产权利人不得违反国家规定弃置固体废物，排放大气污染物、水污染物、土壤污染物、噪声、光辐射、电磁辐射等有害物质。"苗某家将垃圾堆放在甘某家通行的道路上，影响了生态环境、造成污染，有违"绿水青山就是金山银山"的理念，系不文明行为。更违反法律的相关规定，损害相邻一方的出行的便利与健康。在调解员的教育下，双方握手言和，苗某自行清理了甘某家门前的垃圾。

政策法律依据

《中华人民共和国民法典》第二百八十八条、第二百九十四条

80 可以在他人房屋处安装管道吗?

疑惑

钟某在方某商铺楼上成立了一家酒店。在装修酒店时,钟某趁着方某的商铺歇业时悄悄将排污管道安装于商铺顶部。方某认为酒店这样的装修侵犯了自己的合法权益,万一酒店的排污管道发生损毁,将会给自己的店铺造成无法挽回的损失,并且酒店的排污需求大,应该另行在房屋旁边安装排污管道。

解析

《民法典》第292条规定:“不动产权利人因建造、修缮建筑物以及铺设电线、电缆、水管、暖气和燃气管线等必须利用相邻土地、建筑物的,该土地、建筑物的权利人应当提供必要的便利。”提供便利的前提是必须利用相邻土地或者建筑物,如果不动产权利人有替代方案的,应当采取不损害相邻一方的替代方案。本案中,酒店可以通过同层排污或者其他方式处理排污问题,并非必须利用方某的房屋,钟某这样做只是为了节约成本,却对他人构成威胁,故在调解员的调解下,钟某拆除了管道。

政策法律依据

《中华人民共和国民法典》第二百八十八条、第二百九十二条

CHAPTER

9

第九章

知识产权纠纷的调解

81 使用从互联网上下载的照片构成侵权吗?

疑惑

某地旅游发展中心以宣传当地的风景为职能,是某公众号的账号主体。赵某是当地的摄影爱好者,平时最爱拍家乡的风景。公众号在一次介绍当地风景时,使用了赵某拍摄的风景照,赵某已经对此照片申请《作品登记证书》。赵某认为公众号对照片的使用没有经过自己的许可,侵害了自己的著作权,要求旅游发展中心停止侵害,在报纸上登报致歉,并赔偿损失。旅游发展中心抗辩称文章系关于旅游的公益宣传稿,为了介绍风景才使用了案涉图片,对图片的使用具有公益性。因图片公开于网络且无作者水印,故文章中未指明作者姓名,现已经删除有关文章。

解析

具有独创性的摄影作品属于我国《著作权法》规范的作品范围,著作权的内容包括信息网络传播权等,如果未经著作权人同意即在网络上传播他人的作品将会构成对他人著作权的侵害。但是《著作权法》第24条也对著作权人的权利进行了限制,在特定情况下他人可以不经过著作权人同意在注明信息后免费使用作品。本案中不符合可以不经许可不支付报酬使用作品的情形,构成侵权。然而本案虽然成立侵权,但是案涉作品拍摄难度较小,独创性不明显,知名度不高,况且旅游发展中心误以为照片已经公开,主观恶性小,侵权行为导致的后果并不严重,故最后旅游发展中心赔偿赵某1000元。

政策法律依据

《中华人民共和国著作权法》

第三条 本法所称的作品,是指文学、艺术和科学领域内具有独创性并能以一定形式表现的智力成果,包括:

(一)文字作品;

(二)口述作品;

(三)音乐、戏剧、曲艺、舞蹈、杂技艺术作品;

(四)美术、建筑作品;

(五)摄影作品;

(六)视听作品;

(七)工程设计图、产品设计图、地图、示意图等图形作品和模型作品;

(八)计算机软件;

(九)符合作品特征的其他智力成果。

第十条 著作权包括下列人身权和财产权:

（一）发表权，即决定作品是否公之于众的权利；

（二）署名权，即表明作者身份，在作品上署名的权利；

（三）修改权，即修改或者授权他人修改作品的权利；

（四）保护作品完整权，即保护作品不受歪曲、篡改的权利；

（五）复制权，即以印刷、复印、拓印、录音、录像、翻录、翻拍、数字化等方式将作品制作一份或者多份的权利；

（六）发行权，即以出售或者赠与方式向公众提供作品的原件或者复制件的权利；

（七）出租权，即有偿许可他人临时使用视听作品、计算机软件的原件或者复制件的权利，计算机软件不是出租的主要标的的除外；

（八）展览权，即公开陈列美术作品、摄影作品的原件或者复制件的权利；

（九）表演权，即公开表演作品，以及用各种手段公开播送作品的表演的权利；

（十）放映权，即通过放映机、幻灯机等技术设备公开再现美术、摄影、视听作品等的权利；

（十一）广播权，即以有线或者无线方式公开传播或者转播作品，以及通过扩音器或者其他传送符号、声音、图像的类似工具向公众传播广播的作品的权利，但不包括本款第十二项规定的权利；

（十二）信息网络传播权，即以有线或者无线方式向公众提供，使公众可以在其选定的时间和地点获得作品的权利；

（十三）摄制权，即以摄制视听作品的方法将作品固定在载体上的权利；

（十四）改编权，即改变作品，创作出具有独创性的新作品的权利；

（十五）翻译权，即将作品从一种语言文字转换成另一种语言文字的权利；

（十六）汇编权，即将作品或者作品的片段通过选择或者编排，汇集成新作品的权利；

（十七）应当由著作权人享有的其他权利。

著作权人可以许可他人行使前款第五项至第十七项规定的权利，并依照约定或者本法有关规定获得报酬。

著作权人可以全部或者部分转让本条第一款第五项至第十七项规定的权利，并依照约定或者本法有关规定获得报酬

第二十四条 在下列情况下使用作品，可以不经著作权人许可，不向其支付报酬，但应当指明作者姓名或者名称、作品名称，并且不得影响该作品的正常使用，也不得不合理地损害著作权人的合法权益：

（一）为个人学习、研究或者欣赏，使用他人已经发表的作品；

（二）为介绍、评论某一作品或者说明某一问题，在作品中适当引用他人已经发表的作品；

（三）为报道新闻，在报纸、期刊、广播电台、电视台等媒体中不可避免地再现或者引用已经发表的作品；

（四）报纸、期刊、广播电台、电视台等媒体刊登或者播放其他报纸、期刊、广播电台、电视台等媒体已经发表的关于政治、经济、宗教问题的时事性文章，但著作权人声明不许刊登、播放的除外；

（五）报纸、期刊、广播电台、电视台等媒体刊登或者播放在公众集会上发表的讲话，但作者声明不许刊登、播放的除外；

（六）为学校课堂教学或者科学研究，翻译、改编、汇编、播放或者少量复制已经发表的作品，供教学或者科研人员使用，但不得出版发行；

（七）国家机关为执行公务在合理范围内使用已经发表的作品；

（八）图书馆、档案馆、纪念馆、博物馆、美术馆、文化馆等为陈列或者保存版本的需要，复制本馆收藏的作品；

（九）免费表演已经发表的作品，该表演未向公众收取费用，也未向表演者支付报酬，且不以营利为目的；

（十）对设置或者陈列在公共场所的艺术作品进行临摹、绘画、摄影、录像；

（十一）将中国公民、法人或者非法人组织已经发表的以国家通用语言文字创作的作品翻译成少数民族语言文字作品在国内出版发行；

（十二）以阅读障碍者能够感知的无障碍方式向其提供已经发表的作品；

（十三）法律、行政法规规定的其他情形。

前款规定适用于对与著作权有关的权利的限制。

第五十二条　有下列侵权行为的，应当根据情况，承担停止侵害、消除影响、赔礼道歉、赔偿损失等民事责任：

（一）未经著作权人许可，发表其作品的；

（二）未经合作作者许可，将与他人合作创作的作品当作自己单

独创作的作品发表的;

(三)没有参加创作,为谋取个人名利,在他人作品上署名的;

(四)歪曲、篡改他人作品的;

(五)剽窃他人作品的;

(六)未经著作权人许可,以展览、摄制视听作品的方法使用作品,或者以改编、翻译、注释等方式使用作品的,本法另有规定的除外;

(七)使用他人作品,应当支付报酬而未支付的;

(八)未经视听作品、计算机软件、录音录像制品的著作权人、表演者或者录音录像制作者许可,出租其作品或者录音录像制品的原件或者复制件的,本法另有规定的除外;

(九)未经出版者许可,使用其出版的图书、期刊的版式设计的;

(十)未经表演者许可,从现场直播或者公开传送其现场表演,或者录制其表演的;

(十一)其他侵犯著作权以及与著作权有关的权利的行为。

第五十四条 侵犯著作权或者与著作权有关的权利的,侵权人应当按照权利人因此受到的实际损失或者侵权人的违法所得给予赔偿;权利人的实际损失或者侵权人的违法所得难以计算的,可以参照该权利使用费给予赔偿。对故意侵犯著作权或者与著作权有关的权利,情节严重的,可以在按照上述方法确定数额的一倍以上五倍以下给予赔偿。

权利人的实际损失、侵权人的违法所得、权利使用费难以计算的,由人民法院根据侵权行为的情节,判决给予五百元以上五百万元以下的赔偿。

赔偿数额还应当包括权利人为制止侵权行为所支付的合理开支。

人民法院为确定赔偿数额，在权利人已经尽了必要举证责任，而与侵权行为相关的账簿、资料等主要由侵权人掌握的，可以责令侵权人提供与侵权行为相关的账簿、资料等；侵权人不提供，或者提供虚假的账簿、资料等的，人民法院可以参考权利人的主张和提供的证据确定赔偿数额。

人民法院审理著作权纠纷案件，应权利人请求，对侵权复制品，除特殊情况外，责令销毁；对主要用于制造侵权复制品的材料、工具、设备等，责令销毁，且不予补偿；或者在特殊情况下，责令禁止前述材料、工具、设备等进入商业渠道，且不予补偿。

82 在先注册的企业名称会侵犯在后核准的商标权吗？

疑惑

A公司于1993年开始专业生产、销售开关类商品及电器配件，在全国拥有多个代理商，产品在网络平台上销售量巨大。1994年

A公司开始申请开关类商品的注册商标,2000年申请第二枚,2001年申请第三枚,企业名称和商标广泛应用于经营活动中。后A公司发现,B公司在销售开关时大量使用与其商标相近的公司名称,误导消费者,造成大众对两家公司的混淆,使A公司的销售量受到影响,对A公司申请的商标构成侵权,要求其停止侵权并赔偿损失。B公司则认为,自己的公司早在1995年就成立,自始至终用的都是同一个公司名称,在销售产品的过程中,用的也是公司名称,不存在侵权行为,双方找到人民调解委员会进行调解。

解析

商标专用权与企业名称权由不同的法律进行规制,虽然商标专用权属于知识产权,企业名称属于人格权,但是双方偶尔也会产生冲突。如果在后企业名称侵犯在先商标权,那么构成不正当竞争;如果在后申请注册商标与在先企业名称权冲突,那么可以申请注册商标无效。最高人民法院印发的《关于当前经济形势下知识产权审判服务大局若干问题的意见》第10条明确:“企业名称因突出使用而侵犯在先注册商标专用权的,依法按照商标侵权行为处理;企业名称未突出使用但其使用足以产生市场混淆、违反公平竞争的,依法按照不正当竞争处理。对于因历史原因造成的注册商标与企业名称的权利冲突,当事人不具有恶意的,应当视案件具体情况,在考虑历史因素和使用现状的基础上,公平合理地解决冲突,不宜简单地认定构成商标侵权或者不正当竞争。”本案中,A公司第一枚商标核准的时间与

B 公司成立时间接近,B 公司在商品宣传中使用的都是自己公司的名称,没有侵权的恶意,双方经调解,今后 B 公司规范使用自己的公司名称,不得在商品上进行缩写。

政策法律依据

《关于当前经济形势下知识产权审判服务大局若干问题的意见》

第十条　妥善处理注册商标、企业名称与在先权利的冲突,依法制止“傍名牌”等不正当竞争行为。除注册商标之间的权利冲突民事纠纷外,对于涉及注册商标、企业名称与在先权利冲突的民事纠纷,包括被告实际使用中改变了注册商标或者超出核定使用的商品范围使用注册商标的纠纷,只要属于民事权益争议并符合民事诉讼法规定的受理条件,人民法院应予受理。凡被诉侵权商标在人民法院受理案件时尚未获得注册的,均不妨碍人民法院依法受理和审理;被诉侵权商标虽为注册商标,但被诉侵权行为是复制、摹仿、翻译在先驰名商标的案件,人民法院应当依法受理。

按照诚实信用、维护公平竞争和保护在先权利等原则,依法审理该类权利冲突案件。有工商登记等的合法形式,但实体上构成商标侵权或者不正当竞争的,依法认定构成商标侵权或者不正当竞争,既不需要以行政处理为前置条件,也不应因行政处理而中止诉讼。在中国境外取得的企业名称等商业标识,即便其取得程序符合境外的法律规定,但在中国境内的使用行为违反我国法律和扰乱我国市场经济秩序的,按照知识产权的独立性和地域性原则,依照我国法律认定其使用行为构成商标侵权或者不正当竞争。企业名称因突出使用而侵犯在先注册商标专用权的,依法按照商标侵权行为处理;企业名称未突出使用但其使用足以产生市场混淆、违反公平竞争的,依法按照不正当竞争处理。对于因历史原因造成的注册商标与企业名称的权利冲突,当事人不具有恶意的,应当视案件具体情况,在考虑历史因素和使用现状的基础上,公平合理地解决冲突,不宜简单地认定构成商标侵权或者不正当竞争;对于权属已经清晰的老字号等商业标识纠纷,要尊重历史和维护已形成的法律秩序。对于具有一定市场知名度、为相关公众所熟知、已实际具有商号作用的企业名称中的字号、企业或者企业名称的简称,视为企业名称并给予制止不正当竞争的保护。因使用企业名称而构成侵犯商标权的,可以根据案件具体情况判令停止使用,或者对该企业名称的使用方式、使用范围作出限制。因企业名称不正当使用他人具有较高知名度的注册商标,不论是否突出使用均难以避免产生市场混淆的,应当根据当事人的请求判决停止使用或者变更该企业名称。判决停止使用而当事人拒不执行的,要加大强制执行和相应的损害赔偿救济力度。

83 产品尚未出售，只是做广告或者展览商品构成侵权吗？

疑惑

某塑胶公司A主要从事塑胶制品、小配件的研发，曾于2018年申请过一个名为X的外观设计专利。在一次展会中，A公司发现另一家塑胶公司B对外展览的产品与X外观设计专利相似。A公司认为B公司许诺销售的产品完全落入X外观设计专利权的保护范围，且未经自己的许可，已经构成专利侵权，要求B公司停止许诺销售侵犯自己外观设计专利权的产品，销毁产品、半成品及模具并赔偿经济损失25万元。B公司认为还没有将产品出售，不承认构成侵权。

解析

《专利法》第11条第2款规定："外观设计专利权被授予后，任何单位或者个人未经专利权人许可，都不得实施其专利，即不得为生产经营目的的制造、许诺销售、销售、进口其外观设计专利产品。"许诺销售，是指"以做广告、在商店橱窗中陈列或者在展销会上展出等方式作出销售商品的意思表示"，因此，即便产品未出售，但有出售的意思表示也构成侵权。最后,B公司赔偿A公司1万元,并出具保证书承诺不会再制造、出售、许诺销售相关产品。

政策法律依据

《中华人民共和国专利法》

第二条 本法所称的发明创造是指发明、实用新型和外观设计。

发明,是指对产品、方法或者其改进所提出的新的技术方案。

实用新型,是指对产品的形状、构造或者其结合所提出的适于实用的新的技术方案。

外观设计,是指对产品的整体或者局部的形状、图案或者其结合以及色彩与形状、图案的结合所作出的富有美感并适于工业应用的新设计。

第十一条 发明和实用新型专利权被授予后,除本法另有规定的以外,任何单位或者个人未经专利权人许可,都不得实施其专利,即不得为生产经营目的制造、使用、许诺销售、销售、进口其专利产品,或者使用其专利方法以及使用、许诺销售、销售、进口依照该专利方法直接获得的产品。

外观设计专利权被授予后,任何单位或者个人未经专利权人许可,都不得实施其专利,即不得为生产经营目的制造、许诺销售、销售、进口其外观设计专利产品。

《最高人民法院关于审理专利纠纷案件适用法律问题的若干规定》

第十八条　专利法第十一条、第六十九条所称的许诺销售，是指以做广告、在商店橱窗中陈列或者在展销会上展出等方式作出销售商品的意思表示。

84 离职后申请的专利还算是原工作单位的职务发明创造吗？

疑惑

2015 年甲机械公司成立，主要研发、生产、销售农业机械，陈某就职于该公司，曾任研发部经理职务，入职时曾与公司签订保密协议。2018 年 9 月公司作为申请人，陈某作为发明人申请了多项发明专利，2019 年 1 月陈某离职。后公司发现陈某的父亲于 2018 年成立与自己经营范围、主要产品相近的公司，并在陈某离职后通过股权转让方式转让给陈某，该公司在 2019 年 3 月申请一发明专利。甲机械公司认为该发明专利系陈某在执行单位任务所发明，其在职期间能够充分利用公司的物质技术条件，该专利为职务作品。现双方对专利的申请权归属产生纠纷。

解析

若是符合“执行本单位的任务或者主要是利用本单位的物质技术条件所完成的发明创造”这一标准,将被界定为职务发明创造,除非有特别的约定,否则申请专利的权利属于单位。单位被授予专利权后应当给发明人或者设计人奖励和报酬。

本案中,虽然陈某已经离职,但是根据《专利法实施细则》第12条的规定,“退休、调离原单位后或者劳动、人事关系终止后1年内作出的,与其在原单位承担的本职工作或者原单位分配的任务有关的发明创造……专利法第六条所称本单位的物质技术条件,是指本单位的资金、设备、零部件、原材料或者不对外公开的技术资料等”。故,该涉案专利申请权应归原公司所有。最终,双方就专利权的使用规则达成了调解。

政策法律依据

《中华人民共和国专利法》

第六条 执行本单位的任务或者主要是利用本单位的物质技术条件所完成的发明创造为职务发明创造。职务发明创造申请专利的权利属于该单位,申请被批准后,该单位为专利权人。该单位可以依法处置其职务发明创造申请专利的权利和专利权,促进相关发明创造的实施和运用。

非职务发明创造，申请专利的权利属于发明人或者设计人；申请被批准后，该发明人或者设计人为专利权人。

利用本单位的物质技术条件所完成的发明创造，单位与发明人或者设计人订有合同，对申请专利的权利和专利权的归属作出约定的，从其约定。

第七条　对发明人或者设计人的非职务发明创造专利申请，任何单位或者个人不得压制。

第十五条　被授予专利权的单位应当对职务发明创造的发明人或者设计人给予奖励；发明创造专利实施后，根据其推广应用的范围和取得的经济效益，对发明人或者设计人给予合理的报酬。

国家鼓励被授予专利权的单位实行产权激励，采取股权、期权、分红等方式，使发明人或者设计人合理分享创新收益。

《中华人民共和国专利法实施细则》

第十二条　专利法第六条所称执行本单位的任务所完成的职务发明创造，是指：

（一）在本职工作中作出的发明创造；

（二）履行本单位交付的本职工作之外的任务所作出的发明创造；

（三）退休、调离原单位后或者劳动、人事关系终止后1年内作出的，与其在原单位承担的本职工作或者原单位分配的任务有关的发明创造。

专利法第六条所称本单位，包括临时工作单位；专利法第六条所称本单位的物质技术条件，是指本单位的资金、设备、零部件、原材料或者不对外公开的技术资料等。

第七十六条 被授予专利权的单位可以与发明人、设计人约定或者在其依法制定的规章制度中规定专利法第十六条规定的奖励、报酬的方式和数额。

企业、事业单位给予发明人或者设计人的奖励、报酬,按照国家有关财务、会计制度的规定进行处理。

85 委托作品的著作权人可以限制委托人获取程序源代码吗?

疑惑

甲体检公司与乙电子商务公司签订合同,约定由乙电子商务公司为甲体检公司进行体检预约、查询、评价小程序的开发,乙电子公司拥有程序源代码的著作权,服务期2年。在合同的附件报价表中,有小程序功能设计、数据库模块、费用管理系统等报价。服务期间,甲体检公司工作人员要求乙电子公司发送程序源代码给自己并提供邮箱。乙电子公司认为自己是小程序的知识产权人,向甲体检公司交付小程序的后台账号和密码已经履行合同义务,没有交付小程序源代码的义务。

解析

《著作权法》对受委托的作品的权属有明确的规定，如果委托人和受托人对著作权的归属有约定的从约定，没有约定的，属于受托人所有。相关的司法解释对于使用也进行了规定，“委托作品著作权属于受托人的情形，委托人在约定的使用范围内享有使用作品的权利；双方没有约定使用作品范围的，委托人可以在委托创作的特定目的范围内免费使用该作品”。同时，《民法典》要求技术开发合同的开发人应当“交付研究开发成果，提供有关的技术资料和必要的技术指导”。本案中，虽然乙电子公司是程序源代码的知识产权人，但是甲体检公司可以享有使用的权利并要求乙电子公司交付包含程序源代码的研究成果。经调解，乙电子公司交付程序源代码，并要求甲体检公司不得将其转让、泄露给第三方。

政策法律依据

《中华人民共和国著作权法》

第十九条　受委托创作的作品，著作权的归属由委托人和受托人通过合同约定。合同未作明确约定或者没有订立合同的，著作权属于受托人。

《中华人民共和国民法典》第八百五十三条

《最高人民法院关于审理著作权民事纠纷案件适用法律若干问题的解释》

第十二条 按照著作权法第十七条规定委托作品著作权属于受托人的情形，委托人在约定的使用范围内享有使用作品的权利；双方没有约定使用作品范围的，委托人可以在委托创作的特定目的范围内免费使用该作品。

86 从他人处购买侵权产品需要承担责任吗？

疑惑

某贸易公司A以销售眼镜、眼镜配件为主业，曾申请有关折叠眼镜的某专利，在各大电商平台上主打的折叠眼镜产品销量火爆。在经营时发现市面上存在B公司同款产品，经对比落入自己专利的保护范围，遂发函要求其下架侵权产品、停止制造销售、摧毁模具、并索赔30万元。B公司认为产品是从C公司购买的，完全不知道会侵权，不应该由其承担责任。

解析

在专利权有效期内，以生产经营为目的制造、销售他人专利产品，将会构成侵权，但是法律规定有合法来源抗辩的可以不承担赔偿责任。《专利法》第 77 条规定："为生产经营目的使用、许诺销售或者销售不知道是未经专利权人许可而制造并售出的专利侵权产品，能证明该产品合法来源的，不承担赔偿责任。"一般来说通过正常的买卖合同或者销售渠道取得的涉案产品，也构成侵权，虽然不用承担责任，但是需要停止销售的行为。最终双方达成调解，B 公司销毁所有侵权产品，A 公司不再向 B 公司索赔。

政策法律依据

《中华人民共和国专利法》

第十一条　发明和实用新型专利权被授予后，除本法另有规定的以外，任何单位或者个人未经专利权人许可，都不得实施其专利，即不得为生产经营目的制造、使用、许诺销售、销售、进口其专利产品，或者使用其专利方法以及使用、许诺销售、销售、进口依照该专利方法直接获得的产品。

外观设计专利权被授予后，任何单位或者个人未经专利权人许可，都不得实施其专利，即不得为生产经营目的制造、许诺销售、销售、进口其外观设计专利产品。

第七十七条 为生产经营目的使用、许诺销售或者销售不知道是未经专利权人许可而制造并售出的专利侵权产品，能证明该产品合法来源的，不承担赔偿责任。

《最高人民法院关于审理侵犯专利权纠纷案件应用法律若干问题的解释(二)》

第十九条 产品买卖合同依法成立的，人民法院应当认定属于专利法第十一条规定的销售。

87 可以拿长期不用的商标向他人主张权利吗?

疑惑

胡某听说身边朋友常发生商标侵权的事情，发现赔偿数额都不低，就耍小聪明自2016年开始注册了很多商标，想着万一有人使用与自己注册商标相近似的商标就构成对自己的侵权，可以借机发一笔横财。

2020年的某天，胡某在逛街时发现有个衣服品牌的商标与自己之前注册用于童装的注册商标相似。胡某喜出望外，当场就要求对方赔偿自己20万元。王某是衣服品牌的创立人，衣服的商标是他自己设计的，王某听说自己侵权了非常害怕，但他的确不知道是他人的商标，直到来到人民调解委员会，王某才知道胡某从没有使用过自己注册的商标。

解析

商标的申请、使用都要遵循诚实的原则，商标权需要保护是基于其在使用过程中积累的价值。为了促使注册商标的积极使用、发挥其真正的功能，减少休眠品牌，对于注册商标却不使用的行为，法律也进行了规制。《商标法》第 49 条第 2 款规定："注册商标成为其核定使用的商品的通用名称或者没有正当理由连续三年不使用的，任何单位或者个人可以向商标局申请撤销该注册商标。"第 64 条规定："注册商标专用权人不能证明此前三年内实际使用过该注册商标，也不能证明因侵权行为受到其他损失的，被控侵权人不承担赔偿责任。"可见，面对根本就无意使用商标的商标权人，他人可以采取撤销商标的行为，不用赔偿。最终胡某放弃索赔。

政策法律依据

《中华人民共和国商标法》

第七条 申请注册和使用商标，应当遵循诚实信用原则。

商标使用人应当对其使用商标的商品质量负责。各级工商行政管理部门应当通过商标管理，制止欺骗消费者的行为。

第四十九条 商标注册人在使用注册商标的过程中，自行改变注册商标、注册人名义、地址或者其他注册事项的，由地方工商行政管理部门责令限期改正；期满不改正的，由商标局撤销其注册商标。

注册商标成为其核定使用的商品的通用名称或者没有正当理由连续三年不使用的，任何单位或者个人可以向商标局申请撤销该注册商标。商标局应当自收到申请之日起九个月内做出决定。有特殊情况需要延长的，经国务院工商行政管理部门批准，可以延长三个月。

第六十四条 注册商标专用权人请求赔偿，被控侵权人以注册商标专用权人未使用注册商标提出抗辩的，人民法院可以要求注册商标专用权人提供此前三年内实际使用该注册商标的证据。注册商标专用权人不能证明此前三年内实际使用过该注册商标，也不能证明因侵权行为受到其他损失的，被控侵权人不承担赔偿责任。

销售不知道是侵犯注册商标专用权的商品，能证明该商品是自己合法取得并说明提供者的，不承担赔偿责任。

88 侵犯他人商标权需要赔偿多少？

疑惑

某厨具公司专门研发销售厨房用品，经营范围包括厨具、木制品、不锈钢制品、陶瓷制品、玻璃制品批发兼零售，并拥有3个自己的注册商标，产品在线上线下都有大量的忠实用户，每年销售利润十分可观。该厨具公司的市场部经理在一次巡查中发现，平台上有一家销售量排名靠前的某店铺出售带有该厨具公司商标的产品，但该厨具公司从未授权他人使用自己的商标。该厨具公司找到该店铺负责人要求赔偿，双方对赔偿数额无法达成一致。

解析

在知识产权侵权案件中，赔偿数额一般难以确定，我国《商标法》以及相关司法解释建立了一个初步的标准，即“按照权利人因被侵权所受到的实际损失确定；实际损失难以确定的，可以按照侵权人因侵权所获得的利益确定；权利人的损失或者侵权人获得的利益难以确定的，参照该商标许可使用费的倍数合理确定。对恶意侵犯商标专用权，情节严重的，可以在按照上述方法确定数额的一倍以上五倍以下确定赔偿数额。赔偿数额应当包括权利人为制止侵权行为所支付的合理开支”。同时，也赋予了法官较大的自由裁量权，法官可以根据侵权行为的情节、行为人的主观过错、商标的声誉等进行判决。但是实践中，对于利润、商品销售数量、产品减少量等都难以估量，因此调解往往发挥很大的功效，对侵权方可以减少赔偿的数额，对于商标权人可以较低成本制止侵权。本案中，在人民调解委员会的努力下，最终双方形成合意。

政策法律依据

《中华人民共和国商标法》

第六十三条 侵犯商标专用权的赔偿数额,按照权利人因被侵权所受到的实际损失确定;实际损失难以确定的,可以按照侵权人因侵权所获得的利益确定;权利人的损失或者侵权人获得的利益难以确定的,参照该商标许可使用费的倍数合理确定。对恶意侵犯商标专用权,情节严重的,可以在按照上述方法确定数额的一倍以上五倍以下确定赔偿数额。赔偿数额应当包括权利人为制止侵权行为所支付的合理开支。

人民法院为确定赔偿数额,在权利人已经尽力举证,而与侵权行为相关的账簿、资料主要由侵权人掌握的情况下,可以责令侵权人提供与侵权行为相关的账簿、资料;侵权人不提供或者提供虚假的账簿、资料的,人民法院可以参考权利人的主张和提供的证据判定赔偿数额。

权利人因被侵权所受到的实际损失、侵权人因侵权所获得的利益、注册商标许可使用费难以确定的,由人民法院根据侵权行为的情节判决给予五百万元以下的赔偿。

人民法院审理商标纠纷案件,应权利人请求,对属于假冒注册商标的商品,除特殊情况外,责令销毁;对主要用于制造假冒注册商标的商品的材料、工具,责令销毁,且不予补偿;或者在特殊情况下,责令禁止前述材料、工具进入商业渠道,且不予补偿。

假冒注册商标的商品不得在仅去除假冒注册商标后进入商业渠道。

《最高人民法院关于审理商标民事纠纷案件适用法律若干问题的解释》

第十三条　人民法院依据商标法第六十三条第一款的规定确定侵权人的赔偿责任时,可以根据权利人选择的计算方法计算赔偿数额。

第十四条　商标法第六十三条第一款规定的侵权所获得的利益,可以根据侵权商品销售量与该商品单位利润乘积计算;该商品单位利润无法查明的,按照注册商标商品的单位利润计算。

第十五条　商标法第六十三条第一款规定的因被侵权所受到的损失,可以根据权利人因侵权所造成商品销售减少量或者侵权商品销售量与该注册商标商品的单位利润乘积计算。

第十六条　权利人因被侵权所受到的实际损失、侵权人因侵权所获得的利益、注册商标使用许可费均难以确定的,人民法院可以根据当事人的请求或者依职权适用商标法第六十三条第三款的规定确定赔偿数额。

人民法院在适用商标法第六十三条第三款规定确定赔偿数额时,应当考虑侵权行为的性质、期间、后果,侵权人的主观过错程度,商标的声誉及制止侵权行为的合理开支等因素综合确定。

第十七条　商标法第六十三条第一款规定的制止侵权行为所支付的合理开支,包括权利人或者委托代理人对侵权行为进行调查、取证的合理费用。

人民法院根据当事人的诉讼请求和案件具体情况,可以将符合国家有关部门规定的律师费用计算在赔偿范围内当事人按照本条第一款的规定就赔偿数额达成协议的,应当准许。

89 企业的客户名单是否属于商业秘密?

疑惑

甲企业为美容服务行业,使用专门的客户管理系统收集客户信息,不同岗位的员工皆有自己的账号和密码且拥有不同的权限,只有企业的法人和经理可以查看所有客户的完整资料,包括姓名、生日、手机号码、服务项目等。任某为该企业经理,在签订合同时明确约定任某有保密义务,工作中所知悉的客户信息不得向其他无关人员或者对外泄露。任某离职后被另一家美容企业乙高薪聘请,乙企业根据任某提供的客户名单联系客户,并争取到部分客户前来体验。甲企业从某客户口中得知此事,便来到乙企业要求停止泄密,并索要赔偿。乙企业认为客户名单仅仅是信息的收集,不构成商业秘密。

解析

商业秘密是“不为公众所知悉、具有商业价值并经权利人采取相应保密措施的技术信息、经营信息等商业信息”。可见商业秘密需要符合秘密性、价值型、保密性这三个特性。《最高人民法院关于审理侵犯商业秘密民事案件适用法律若干问题的规定》第 1 条规定：“与经营活动有关的创意、管理、销售、财务、计划、样本、招投标材料、客户信息、数据等信息，人民法院可以认定构成反不正当竞争法第九条第四款所称的经营信息。前款所称的客户信息，包括客户的名称、地址、联系方式以及交易习惯、意向、内容等信息。”任某已经与甲企业签订了有关保守商业秘密的合同，却仍将甲企业的客户信息泄露，乙企业和任某的行为共同侵害了甲企业的商业秘密。最终，任某与甲企业达成赔偿的调解协议，甲企业不再向乙企业索赔。

政策法律依据

《中华人民共和国民法典》第一百二十三条

《中华人民共和国反不正当竞争法》

第九条　经营者不得实施下列侵犯商业秘密的行为：

（一）以盗窃、贿赂、欺诈、胁迫、电子侵入或者其他不正当手段获取权利人的商业秘密；

（二）披露、使用或者允许他人使用以前项手段获取的权利人的商业秘密；

（三）违反保密义务或者违反权利人有关保守商业秘密的要求，披露、使用或者允许他人使用其所掌握的商业秘密；

（四）教唆、引诱、帮助他人违反保密义务或者违反权利人有关保守商业秘密的要求,获取、披露、使用或者允许他人使用权利人的商业秘密。

经营者以外的其他自然人、法人和非法人组织实施前款所列违法行为的,视为侵犯商业秘密。

第三人明知或者应知商业秘密权利人的员工、前员工或者其他单位、个人实施本条第一款所列违法行为,仍获取、披露、使用或者允许他人使用该商业秘密的,视为侵犯商业秘密。

本法所称的商业秘密,是指不为公众所知悉、具有商业价值并经权利人采取相应保密措施的技术信息、经营信息等商业信息。

《最高人民法院关于审理侵犯商业秘密民事案件适用法律若干问题的规定》

第一条 与技术有关的结构、原料、组分、配方、材料、样品、样式、植物新品种繁殖材料、工艺、方法或其步骤、算法、数据、计算机程序及其有关文档等信息,人民法院可以认定构成反不正当竞争法第九条第四款所称的技术信息。

与经营活动有关的创意、管理、销售、财务、计划、样本、招投标材料、客户信息、数据等信息,人民法院可以认定构成反不正当竞争法第九条第四款所称的经营信息。

前款所称的客户信息,包括客户的名称、地址、联系方式以及交易习惯、意向、内容等信息。

第五条 权利人为防止商业秘密泄露,在被诉侵权行为发生以前所采取的合理保密措施,人民法院应当认定为反不正当竞争法第九条第四款所称的相应保密措施。

人民法院应当根据商业秘密及其载体的性质、商业秘密的商业价值、保密措施的可识别程度、保密措施与商业秘密的对应程度以及权利人的保密意愿等因素，认定权利人是否采取了相应保密措施。

第六条　具有下列情形之一，在正常情况下足以防止商业秘密泄露的，人民法院应当认定权利人采取了相应保密措施：

（一）签订保密协议或者在合同中约定保密义务的；

（二）通过章程、培训、规章制度、书面告知等方式，对能够接触、获取商业秘密的员工、前员工、供应商、客户、来访者等提出保密要求的；

（三）对涉密的厂房、车间等生产经营场所限制来访者或者进行区分管理的；

（四）以标记、分类、隔离、加密、封存、限制能够接触或者获取的人员范围等方式，对商业秘密及其载体进行区分和管理的；

（五）对能够接触、获取商业秘密的计算机设备、电子设备、网络设备、存储设备、软件等，采取禁止或者限制使用、访问、存储、复制等措施的；

（六）要求离职员工登记、返还、清除、销毁其接触或者获取的商业秘密及其载体，继续承担保密义务的；

（七）采取其他合理保密措施的。

第十一条　法人、非法人组织的经营、管理人员以及具有劳动关系的其他人员，人民法院可以认定为反不正当竞争法第九条第三款所称的员工、前员工。

90 域名与他人企业注册商标、企业名称冲突构成侵权吗？

疑惑

A水泵企业于1990年成立，在全国有多家分公司，并于2000年开始申请并核准注册多枚商标，公司设立以来获得诸多荣誉。A水泵企业在搜索时，发现B水泵企业的缩写与自己的企业名称英文小写一致，与自己申请的注册商标近似，要求B水泵企业停止侵犯自己的注册商标专用权、立刻修改域名。B水泵企业认为自己的域名也是自己企业的缩写，不存在侵权行为。

解析

民事主体享有注册、使用域名的权利，前提是不得侵犯他人的合法权益。如果注册的域名与他人注册商标、域名相同或近似，足以造成相关公众的误人或者能证明对域名的注册、使用具有恶意的，也会构成侵权。本案中，两个企业属于同一竞争行业，A水泵企业成立在先并且具有较大的销售规模，根据双方提供的证据，B水泵企业与A水泵企业同属一个区域，具有攀附A水泵企业的恶意，最终B水泵企业修改了自己的域名。

政策法律依据

《最高人民法院关于审理涉及计算机网络域名民事纠纷案件适用法律若干问题的解释》

第四条 人民法院审理域名纠纷案件,对符合以下各项条件的,应当认定被告注册、使用域名等行为构成侵权或者不正当竞争:

(一)原告请求保护的民事权益合法有效;

(二)被告域名或其主要部分构成对原告驰名商标的复制、模仿、翻译或音译;或者与原告的注册商标、域名等相同或近似,足以造成相关公众的误认;

(三)被告对该域名或其主要部分不享有权益,也无注册、使用该域名的正当理由;

(四)被告对该域名的注册、使用具有恶意。

《最高人民法院关于审理商标民事纠纷案件适用法律若干问题的解释》

第一条 下列行为属于商标法第五十七条第(七)项规定的给他人注册商标专用权造成其他损害的行为:

(一)将与他人注册商标相同或者相近似的文字作为企业的字号在相同或者类似商品上突出使用,容易使相关公众产生误认的;

(二)复制、摹仿、翻译他人注册的驰名商标或其主要部分在不相同或者不相类似商品上作为商标使用,误导公众,致使该驰名商标注册人的利益可能受到损害的；

（三）将与他人注册商标相同或者相近似的文字注册为域名，并且通过该域名进行相关商品交易的电子商务，容易使相关公众产生误认的。

CHAPTER

10

第十章

消费者权益纠纷的调解

91 商家出售三无产品，可以要求退货吗？

疑惑

吕某是一名大学生，有次逛街时某美容院邀请她前去体验最新活动，吕某涉世未深，就前去一探究竟。后来美容院在吕某体验时对其说她年纪轻轻就有严重的黑眼圈，需要用自家的产品去除黑眼圈，自家产品功效立竿见影，配合美容师的独家手法使用一个月就能去除黑眼圈。单纯的吕某冲动之下购买了4000多元的套餐，为此吕某还从花呗和借呗借款。但是吕某回家后，经网上查询，发现这家美容院的产品使用的是三无产品，遂要求美容院退款。美容院称售出产品概不退换。

解析

商家在生产产品的过程中需要提供保质保量的产品，对自己产品的安全性负责。《产品质量法》第26条第2款第3项要求产品质量应该“符合在产品或者其包装上注明采用的产品标准，符合以产品说明、实物样品等方式表明的质量状况”。第27条还对产品标识提出具体要求。不符合上述要求的产品，消费者可以要求销售者修理、更换或者退货，给消费者造成损失的还能要求赔偿。在调解员调解下,美容院退还了吕某支付的款项。

政策法律依据

《中华人民共和国产品质量法》

第二十六条 生产者应当对其生产的产品质量负责。

产品质量应当符合下列要求:

(一)不存在危及人身、财产安全的不合理的危险,有保障人体健康和人身、财产安全的国家标准、行业标准的,应当符合该标准;

(二)具备产品应当具备的使用性能,但是,对产品存在使用性能的瑕疵作出说明的除外;

(三)符合在产品或者其包装上注明采用的产品标准,符合以产品说明、实物样品等方式表明的质量状况。

第二十七条 产品或者其包装上的标识必须真实,并符合下列要求:

(一)有产品质量检验合格证明;

(二)有中文标明的产品名称、生产厂厂名和厂址;

(三)根据产品的特点和使用要求,需要标明产品规格、等级、所含主要成份的名称和含量的,用中文相应予以标明;需要事先让消费者知晓的,应当在外包装上标明,或者预先向消费者提供有关资料;

(四)限期使用的产品,应当在显著位置清晰地标明生产日期和安全使用期或者失效日期;

(五)使用不当,容易造成产品本身损坏或者可能危及人身、财产安全的产品，应当有警示标志或者中文警示说明。

裸装的食品和其他根据产品的特点难以附加标识的裸装产品，可以不附加产品标识。

第三十六条　销售者销售的产品的标识应当符合本法第二十七条的规定。

第四十条　售出的产品有下列情形之一的，销售者应当负责修理、更换、退货；给购买产品的消费者造成损失的，销售者应当赔偿损失：

（一）不具备产品应当具备的使用性能而事先未作说明的；

（二）不符合在产品或者其包装上注明采用的产品标准的；

（三）不符合以产品说明、实物样品等方式表明的质量状况的。

销售者依照前款规定负责修理、更换、退货、赔偿损失后，属于生产者的责任或者属于向销售者提供产品的其他销售者（以下简称供货者）的责任的，销售者有权向生产者、供货者追偿。

销售者未按照第一款规定给予修理、更换、退货或者赔偿损失的，由市场监督管理部门责令改正。

生产者之间，销售者之间，生产者与销售者之间订立的买卖合同、承揽合同有不同约定的，合同当事人按照合同约定执行。

《中华人民共和国消费者权益保护法》

第八条　消费者享有知悉其购买、使用的商品或者接受的服务的真实情况的权利。

消费者有权根据商品或者服务的不同情况，要求经营者提供商品的价格、产地、生产者、用途、性能、规格、等级、主要成份、生产日期、有效期限、检验合格证明、使用方法说明书、售后服务,或者服务的内容、规格、费用等有关情况。

第二十四条 经营者提供的商品或者服务不符合质量要求的,消费者可以依照国家规定、当事人约定退货,或者要求经营者履行更换、修理等义务。没有国家规定和当事人约定的,消费者可以自收到商品之日起七日内退货;七日后符合法定解除合同条件的,消费者可以及时退货,不符合法定解除合同条件的,可以要求经营者履行更换、修理等义务。

依照前款规定进行退货、更换、修理的,经营者应当承担运输等必要费用。

92 商家对产品性能的宣传与实际不符,可以要求退赔吗?

疑惑

李某在甲平台某店铺购买一辆电动自行车,店铺销售页面对该产品描述为“××电动车120千米20毫安、超长续航”。下方商品详情页面标注车辆电动续航120千米,另注明此续航里程仅作为参考,续航数据以实际里程数为准。在订单页面显示产品为1辆×××电动车渐变色续航120千米。李某收到电动自行车后，立刻充满电开始骑行，但是车辆在显示不到90千米的时候就没电了，李某只能推车回家。到家后，李某拿出电动自行车的合格证一看，上面记载着续航里程为90千米。李某认为店铺存在虚假销售的情况，便找商家理论。

解析

经营者在宣传商品时，应当对其功能、参数、质量等作真实的描述，不能虚假陈述，不得误导消费者。根据《最高人民法院关于适用〈中华人民共和国反不正当竞争法〉若干问题的解释》第十六条的规定，以下行为都构成"引人误解的商业宣传"："（一）对商品作片面的宣传或者对比；（二）将科学上未定论的观点、现象等当作定论的事实用于商品宣传；（三）使用歧义性语言进行商业宣传；（四）其他足以引人误解的商业宣传行为。"本案中，店铺在描述商品时在不同界面甚至是商品详情页面都有提到续航是该电动自行车的特点，也正是因为能续航120千米，所以李某才将该车买回家。商家这样的宣传与合格证不符，误导消费者，存在虚假宣传的行为，消费者可以要求商家退货并赔偿购买商品价款的3倍。最后经协调，商家为李某退货并赔偿一辆续航为120千米的电动自行车。

政策法律依据

《中华人民共和国反不正当竞争法》

第八条 经营者不得对其商品的性能、功能、质量、销售状况、用户评价、曾获荣誉等作虚假或者引人误解的商业宣传,欺骗、误导消费者。

经营者不得通过组织虚假交易等方式,帮助其他经营者进行虚假或者引人误解的商业宣传。

最高人民法院关于适用《中华人民共和国反不正当竞争法》若干问题的解释

第十六条 经营者在商业宣传过程中,提供不真实的商品相关信息,欺骗、误导相关公众的,人民法院应当认定为反不正当竞争法第八条第一款规定的虚假的商业宣传。

《中华人民共和国消费者权益保护法》

第二十条 经营者向消费者提供有关商品或者服务的质量、性能、用途、有效期限等信息,应当真实、全面,不得作虚假或者引人误解的宣传。

经营者对消费者就其提供的商品或者服务的质量和使用方法等问题提出的询问,应当作出真实、明确的答复。

经营者提供商品或者服务应当明码标价。

第五十五条 经营者提供商品或者服务有欺诈行为的,应当按照消费者的要求增加赔偿其受到的损失,增加赔偿的金额为消费者购买商品的价款或者接受服务的费用的三倍；增加赔偿的金额不足五百元的，为五百元。法律另有规定的，依照其规定。

经营者明知商品或者服务存在缺陷，仍然向消费者提供，造成消费者或者其他受害人死亡或者健康严重损害的，受害人有权要求经营者依照本法第四十九条、第五十一条等法律规定赔偿损失，并有权要求所受损失二倍以下的惩罚性赔偿。

《中华人民共和国电子商务法》

第十七条　电子商务经营者应当全面、真实、准确、及时地披露商品或者服务信息，保障消费者的知情权和选择权。电子商务经营者不得以虚构交易、编造用户评价等方式进行虚假或者引人误解的商业宣传，欺骗、误导消费者。

《中华人民共和国广告法》

第四条　广告不得含有虚假或者引人误解的内容，不得欺骗、误导消费者。

广告主应当对广告内容的真实性负责。

93 商家事先准备协议，消费者未注意到的条款内容可以约束消费者吗？

疑惑

潘某追随盲盒(随机抽选商品)热，购入大量盲盒，还在线上小程序进行盲盒购买，但是总是抽不中自己心仪的隐藏款盲盒。潘某从朋友处了解到某在线抽盲盒的小程序，该小程序的抽盲盒流程为在抽盲盒的时候可以使用“排除卡”提前知晓抽中的卡不是哪三款，在付款后如果抽中的款不喜欢，每天还能运用一张“换一换”卡片进行更换。潘某在该小程序抽中自己心仪的款式后立刻下单，但是货到后潘某发现盲盒是已经拆封过的盲盒，这让有洁癖的潘某十分不满，于是她找到商家，要求退货。商家认为，在付款时已经有提示盲盒均为拆开的盲盒，潘某则认为付款时的提示条款较多，自己根本注意不到该条款，且自己在其他小程序购买的盲盒都是未拆封的。

解析

为了交易的快捷方便，部分商家在订立合同时会采用格式条款。由于格式条款是经营者预先拟定，且在交易过程中不会轻易修改条款内容,所以《民法典》第 496 条设定提供格式条款的一方有提示重要条款义务:“提供格式条款的一方应当……采取合理的方式提示对方注意免除或者减轻其责任等与对方有重大利害关系的条款,按照对方的要求,对该条款予以说明。提供格式条款的一方未履行提示或者说明义务,致使对方没有注意或者理解与其有重大利害关系的条款的,对方可以主张该条款不成为合同的内容。”本案中,商家提供的商品包装拆封过,本就与盲盒的性质具有较大的不同,商家需要对此尽到提示义务。在协商下,商家对潘某进行了退货。

政策法律依据

《中华人民共和国民法典》第四百九十六条

《中华人民共和国消费者权益保护法》

第二十六条　经营者在经营活动中使用格式条款的,应当以显著方式提请消费者注意商品或者服务的数量和质量、价款或者费用、履行期限和方式、安全注意事项和风险警示、售后服务、民事责任等与消费者有重大利害关系的内容,并按照消费者的要求予以说明。

经营者不得以格式条款、通知、声明、店堂告示等方式,作出排除或者限制消费者权利、减轻或者免除经营者责任、加重消费者责任等对消费者不公平、不合理的规定,不得利用格式条款并借助技术手段强制交易。

格式条款、通知、声明、店堂告示等含有前款所列内容的,其内容无效。

94 网上购买的产品，经消费者使用后还可以退货吗？

疑惑

康某在甲电商平台某店铺购买了一台自助喷水擦窗机器人，支付价款2499元。收到货后，康某试用了一下机器人，性能都是完好的。第二天，康某的妻子告知康某，在公司的年会中自己抽奖抽中了擦窗机器人，于是康某想要退货。店铺认为在商品介绍页面上有“温馨提示：使用后不得退货”的字样，拒绝退货。

解析

康某在平台上购买商品，与店铺成立了网络购物合同关系，根据消费者权益保护相关法律的规定，采用网络方式购物的消费者“有权自收到商品之日起七日内退货，且无须说明理由”。但是对于消费者定作的商品、鲜活易腐的商品、部分数字化商品、报纸、期刊、其他根据商品性质并经消费者在购买时确认不宜退货的商品等不适用七天无理由退货（商家有七日内无理由退货承诺的除外）。《最高人民法院关于审理网络消费纠纷案件适用法律若干问题的规定（一）》第3

条特别规定:“消费者因检查商品的必要对商品进行拆封查验且不影响商品完好,电子商务经营者以商品已拆封为由主张不适用消费者权益保护法第二十五条规定的无理由退货制度的,人民法院不予支持,但法律另有规定的除外。”本案中,康某为了检查商品性能才拆封使用,商品也不属于不适用无理由退货的商品,康某没有确认商品不能退货的情况,可以要求退货。经电商平台客服介入后,商家同意了康某的退货请求。

政策法律依据

《中华人民共和国消费者权益保护法》

第二十五条　经营者采用网络、电视、电话、邮购等方式销售商品,消费者有权自收到商品之日起七日内退货,且无需说明理由,但下列商品除外:

(一)消费者定作的;

(二)鲜活易腐的;

(三)在线下载或者消费者拆封的音像制品、计算机软件等数字化商品;

(四)交付的报纸、期刊。

除前款所列商品外,其他根据商品性质并经消费者在购买时确认不宜退货的商品,不适用无理由退货。

消费者退货的商品应当完好。经营者应当自收到退回商品之日起七日内返还消费者支付的商品价款。退回商品的运费由消费者承担;经营者和消费者另有约定的,按照约定。

《最高人民法院关于审理网络消费纠纷案件适用法律若干问题的规定(一)》

第二条 电子商务经营者就消费者权益保护法第二十五条第一款规定的四项除外商品做出七日内无理由退货承诺,消费者主张电子商务经营者应当遵守其承诺的,人民法院应予支持。

第三条 消费者因检查商品的必要对商品进行拆封查验且不影响商品完好,电子商务经营者以商品已拆封为由主张不适用消费者权益保护法第二十五条规定的无理由退货制度的,人民法院不予支持,但法律另有规定的除外。

《网络购买商品七日无理由退货暂行办法》

第七条 下列性质的商品经消费者在购买时确认,可以不适用七日无理由退货规定:

(一)拆封后易影响人身安全或者生命健康的商品,或者拆封后易导致商品品质发生改变的商品;

(二)一经激活或者试用后价值贬损较大的商品;

(三)销售时已明示的临近保质期的商品、有瑕疵的商品。

95 店铺售假，平台需要承担连带责任吗？

疑惑

张某在甲电商平台某店铺购买了一双鞋，张某收到鞋后感觉鞋的质感与自己以前买的该品牌鞋的质感不太一样。经过鉴定，发现鞋子是假货，张某遂要求甲电商平台与某店铺共同承担赔偿责任。甲电商平台认为自己只是提供了一个平台，交易是某店铺与张某的事情，自己不需要赔偿。

解析

双方订立的合同具有相对性，只约束合同的相对方。但是在网络购物中，为了维护消费者的权益，在特定情况下网络交易平台提供者也需要承担责任。《消费者权益保护法》第44条规定："网络交易平台提供者不能提供销售者或者服务者的真实名称、地址和有效联系方式的，消费者也可以向网络交易平台提供者要求赔偿……网络交易平台提供者明知或者应知销售者或者服务者利用其平台侵害消费者合法权益，未采取必要措施的，依法与该销售者或者服务者承担连带责任。"本案中，无证据能证明甲电商平台对某店铺售假的事情知情，经调解，张某不再追究甲电商平台责任。

政策法律依据

《中华人民共和国消费者权益保护法》

第四十四条 消费者通过网络交易平台购买商品或者接受服务，其合法权益受到损害的，可以向销售者或者服务者要求赔偿。网络交易平台提供者不能提供销售者或者服务者的真实名称、地址和有效联系方式的，消费者也可以向网络交易平台提供者要求赔偿；网络交易平台提供者作出更有利于消费者的承诺的，应当履行承诺。网络交易平台提供者赔偿后，有权向销售者或者服务者追偿。

网络交易平台提供者明知或者应知销售者或者服务者利用其平台侵害消费者合法权益，未采取必要措施的，依法与该销售者或者服务者承担连带责任。

《最高人民法院关于审理网络消费纠纷案件适用法律若干问题的规定(一)》

第十四条 网络直播间销售商品损害消费者合法权益，网络直播营销平台经营者不能提供直播间运营者的真实姓名、名称、地址和有效联系方式的，消费者依据消费者权益保护法第四十四条规定向网络直播营销平台经营者请求赔偿的，人民法院应予支持。网络直播营销平台经营者承担责任后，向直播间运营者追偿的，人民法院应予支持。

96 购买的商品爆炸，消费者可以要求销售者赔偿吗？

疑惑

徐某在甲家电商城购买了一台热水器，徐某请陈师傅来装修，陈师傅在安装热水器方面有近10年的经验，经验十分老道。陈师傅刚刚安装完成，热水器就爆炸了，陈师傅被热水器的碎片划伤，伤口巨大。徐某找到甲家电商城要求赔偿，甲家电商城认为热水器爆炸是生产厂家的设计制造的原因，自己对产品质量不过关不知情，不用承担责任，拒不赔付。

解析

《消费者权益保护法》第40条规定："消费者在购买、使用商品时，其合法权益受到损害的，可以向销售者要求赔偿。销售者赔偿后，属于生产者的责任或者属于向销售者提供商品的其他销售者的责任的，销售者有权向生产者或者其他销售者追偿。消费者或者其他受害人因商品缺陷造成人身、财产损害的，可以向销售者要求赔偿，也可以向生产者要求赔偿。属于生产者责任的，销售者赔偿后，有权向生产者追偿。属于销售者责任的,生产者赔偿后,有权向销售者追偿。”因此,在消费者因商品受损索赔时,享有选择权,可以向销售者要求,也可以向生产者要求,销售者不能拒绝消费者的索赔请求。经调解,甲家电商城与徐某达成调解协议,对其损失予以了赔付。

政策法律依据

《中华人民共和国消费者权益保护法》

第十一条 消费者因购买、使用商品或者接受服务受到人身、财产损害的,享有依法获得赔偿的权利。

第四十条 消费者在购买、使用商品时,其合法权益受到损害的,可以向销售者要求赔偿。销售者赔偿后,属于生产者的责任或者属于向销售者提供商品的其他销售者的责任的,销售者有权向生产者或者其他销售者追偿。

消费者或者其他受害人因商品缺陷造成人身、财产损害的,可以向销售者要求赔偿,也可以向生产者要求赔偿。属于生产者责任的,销售者赔偿后,有权向生产者追偿。属于销售者责任的,生产者赔偿后,有权向销售者追偿。

消费者在接受服务时,其合法权益受到损害的,可以向服务者要求赔偿。

97 商家可以拒绝开发票吗?

疑惑

范某的公司要求员工报销时需要提供发票,范某在甲文具店购买了许多文具,因为购买量较大,店家给其折扣力度很大,十分便宜。范某遂要求文具店提供发票用以报销,文具店认为自己已经给范某接近成本价,如果再开发票会面临亏本,就拒绝开发票。

解析

开发票是商家的法定义务,如果消费者要求开发票,商家不得拒绝开发票。《消费者权益保护法》第 22 条规定:“经营者提供商品或者服务,应当按照国家有关规定或者商业惯例向消费者出具发票等购货凭证或者服务单据;消费者索要发票等购货凭证或者服务单据的,经营者必须出具。”如果商家拒不开发票,“由税务机关责令改正,可以处 1 万元以下的罚款;有违法所得的予以没收”。在调解员告知不开发票将面临的后果之后,文具店给范某开具了发票。

政策法律依据

《中华人民共和国消费者权益保护法》

第二十二条 经营者提供商品或者服务,应当按照国家有关规定或者商业惯例向消费者出具发票等购货凭证或者服务单据;消费者索要发票等购货凭证或者服务单据的,经营者必须出具。

《中华人民共和国发票管理办法》

第三十五条 本办法的规定,有下列情形之一的,由税务机关责令改正,可以处1万元以下的罚款;有违法所得的予以没收:

(一)应当开具而未开具发票,或者未按照规定的时限、顺序、栏目,全部联次一次性开具发票,或者未加盖发票专用章的;

(二)使用税控装置开具发票,未按期向主管税务机关报送开具发票的数据的;

(三)使用非税控电子器具开具发票,未将非税控电子器具使用的软件程序说明资料报主管税务机关备案,或者未按照规定保存、报送开具发票的数据的;

(四)拆本使用发票的;

(五)扩大发票使用范围的;

(六)以其他凭证代替发票使用的;

(七)跨规定区域开具发票的;

(八)未按照规定缴销发票的;

(九)未按照规定存放和保管发票的。

98 在超市买到过期商品，可以一赔十吗？

疑惑

2021年，周某在甲超市购买了一箱牛奶，支付60元，超市向周某开具收据。周某在饮用牛奶后腹泻不止，买了止泻药80元，后来周某检查牛奶时，发现牛奶在出售时已经超过标明的保质期，遂以牛奶在出售时已经过期为由要求超市退还商品标价60元、并赔偿止泻药80元，超市拒绝退款。

解析

张某在超市购买商品并支付价款，与超市形成了买卖合同的关系，超市本应该提供合格的商品，但是超市在履行合同过程中出售已过标明的保质期，构成根本违约。周某可以解除合同，要求超市返还商品价格。另外，根据《食品安全法》第148条第1款规定，“消费者因不符合食品安全标准的食品受到损害的，可以向经营者要求赔偿损失”。周某因为饮用过期的牛奶导致腹泻，可以要求经营者赔偿80元购买药品的损失。除此之外，超市销售明知是不符合食品安全标准的食品，周某还可以要求支付价款10倍或者损失3倍的赔偿金（金额不足1000元，为1000元）。最终，超市向周某进行了足额赔付。

政策法律依据

《中华人民共和国食品安全法》

第四条 食品生产经营者对其生产经营食品的安全负责。

食品生产经营者应当依照法律、法规和食品安全标准从事生产经营活动,保证食品安全,诚信自律,对社会和公众负责,接受社会监督,承担社会责任。

第一百四十八条 消费者因不符合食品安全标准的食品受到损害的,可以向经营者要求赔偿损失,也可以向生产者要求赔偿损失。接到消费者赔偿要求的生产经营者,应当实行首负责任制,先行赔付,不得推诿;属于生产者责任的,经营者赔偿后有权向生产者追偿;属于经营者责任的,生产者赔偿后有权向经营者追偿。

生产不符合食品安全标准的食品或者经营明知是不符合食品安全标准的食品,消费者除要求赔偿损失外,还可以向生产者或者经营者要求支付价款十倍或者损失三倍的赔偿金;增加赔偿的金额不足一千元的,为一千元。但是,食品的标签、说明书存在不影响食品安全且不会对消费者造成误导的瑕疵的除外。

《最高人民法院关于审理食品药品纠纷案件适用法律若干问题的规定》

第五条 消费者举证证明所购买食品、药品的事实以及所购食品、药品不符合合同的约定,主张食品、药品的生产者、销售者承担违约责任的，人民法院应予支持。

消费者举证证明因食用食品或者使用药品受到损害，初步证明损害与食用食品或者使用药品存在因果关系，并请求食品、药品的生产者、销售者承担侵权责任的，人民法院应予支持，但食品、药品的生产者、销售者能证明损害不是因产品不符合质量标准造成的除外。

第十五条　生产不符合安全标准的食品或者销售明知是不符合安全标准的食品，消费者除要求赔偿损失外，依据食品安全法等法律规定向生产者、销售者主张赔偿金的，人民法院应予支持。

生产假药、劣药或者明知是假药、劣药仍然销售、使用的，受害人或者其近亲属除请求赔偿损失外，依据药品管理法等法律规定向生产者、销售者主张赔偿金的，人民法院应予支持。

99 办的健身卡换店后不给上课怎么办？

疑惑

张小姐2020年在某健身房A店充值10,000元的私教课，后该健身房进行内部调整，A店关闭，将张小姐调整至B店。然而张小姐在B店上过两节课后，B店告知因张小姐充值在A店，资金没有移交到B店，故其不能再在B店上课。张小姐十分生气，本来自己已经被迫跑到更远的B店上课，现在竟然还不能继续上课。B店店长则称因老板更换,A 店的资金没有支付给自己,钱都不在自己这里,无法给张小姐上课。

解析

经调解员查询该健身房的名字只能对应一家健身公司,但是在地图、美团、大众点评上显示有多家分店。与张小姐签合同的主体就是该健身公司,张小姐充值的行为实际上是健身公司以预收款方式提供服务,应当按照约定履行,即应当在 A 店给消费者提供服务。现 A 店关闭,更换到 B 店,张小姐表示同意也已经消费两节课,构成服务合同的变更,健身房应当在 B 店给张小姐提供服务,如果未按约定履行,应当按照张小姐的要求履行约定或者退回预付款,并承担利息等。经营者不能以内部的安排变更来对抗不知情的消费者。最终,B 店承诺张小姐可以继续上课。

政策法律依据

《中华人民共和国消费者权益保护法》

第五十三条　经营者以预收款方式提供商品或者服务的,应当按照约定提供。未按照约定提供的,应当按照消费者的要求履行约定或者退回预付款;并应当承担预付款的利息、消费者必须支付的合理费用。

100 寄送的快递破损可以要求赔偿吗？

疑惑

孙先生通过某快递公司给远在外地的孩子寄送电子产品，因为电子产品价值高，故在寄送时孙先生购买了保价服务，在快递员上门时孙先生千叮咛万嘱咐一定要好好包装再寄送。但是货到后孩子发现包装外表破损严重，电子产品也没有合理的包装固定住，可以在盒子里摇晃，且产品有损坏的痕迹。现商品拿到官方维修店维修需要2000元，孙先生认为自己购买了保价，快递公司应当承担责任。快递公司认为保价是在货物丢失时公司支付的价格，现在快递公司可以自行帮客户维修。孙先生一定要去官方维修店维修，快递公司去其他店铺维修自己不能接受。双方发生争议，来到人民调解委员会。

解析

快递公司与消费者签订的合同往往也是格式条款，故快递公司有义务在消费者填写快递寄送单之间提醒其重要的条款，告知保价的规则和内容。如果消费者办理了保价服务，那么快件延误、丢失、损毁或者内件短少，应当按照保价规则赔偿。快件毁损则依据快件丧失价值占总价值的比例，按照快件丢失赔偿额度的相同比例进行赔偿。本案中,在保价条款中没有明确约定维修的方式,根据格式条款的解释方法,应当按照通常的理解,即官方维修店维修的方式进行维修。经调解,快递公司答应支付维修款。

政策法律依据

《快递暂行条例》

第二十一条 经营快递业务的企业在寄件人填写快递运单前,应当提醒其阅读快递服务合同条款、遵守禁止寄递和限制寄递物品的有关规定,告知相关保价规则和保险服务项目。

寄件人交寄贵重物品的,应当事先声明;经营快递业务的企业可以要求寄件人对贵重物品予以保价。

第二十七条 快件延误、丢失、损毁或者内件短少的,对保价的快件,应当按照经营快递业务的企业与寄件人约定的保价规则确定赔偿责任;对未保价的快件,依照民事法律的有关规定确定赔偿责任。

国家鼓励保险公司开发快件损失赔偿责任险种,鼓励经营快递业务的企业投保。

《快递市场管理办法》

第二十条 在快递服务过程中,快件(邮件)发生延误、丢失、损毁和内件不符的,经营快递业务的企业应当按照与用户的约定,依法予以赔偿。

企业与用户之间未对赔偿事项进行约定的,对于购买保价的快件(邮件),应当按照保价金额赔偿。对于未购买保价的快件(邮件),按照《中华人民共和国邮政法》、《中华人民共和国合同法》等相关法律规定赔偿。

《快递服务》邮政行业标准

A.3.4　内件不符

内件不符赔偿应主要包括:

a) 内件品名与寄件人填写品名不符,按照完全损毁赔偿;

b) 内件品名相同,数量和重量不符,按照部分损毁赔偿。

《中华人民共和国民法典》第四百九十八条

APPENDIX

附　录

案 例

中华人民共和国民法典(节录)

(2020年5月28日第十三届全国人民代表大会
第三次会议通过)

第一编 总 则

第五章 民事权利

第一百零九条 自然人的人身自由、人格尊严受法律保护。

第一百一十条 自然人享有生命权、身体权、健康权、姓名权、肖像权、名誉权、荣誉权、隐私权、婚姻自主权等权利。

法人、非法人组织享有名称权、名誉权和荣誉权。

第一百一十一条 自然人的个人信息受法律保护。任何组织或者个人需要获取他人个人信息的,应当依法取得并确保信息安全,不得非法收集、使用、加工、传输他人个人信息,不得非法买卖、提供或者公开他人个人信息。

第一百一十二条 自然人因婚姻家庭关系等产生的人身权利受法律保护。

第一百一十三条 民事主体的财产权利受法律平等保护。

第一百一十四条 民事主体依法享有物权。

物权是权利人依法对特定的物享有直接支配和排他的权利,包括所有权、用益物权和担保物权。

第一百一十五条 物包括不动产和动产。法律规定权利作为物权客体的，依照其规定。

第一百一十六条 物权的种类和内容，由法律规定。

第一百一十七条 为了公共利益的需要，依照法律规定的权限和程序征收、征用不动产或者动产的，应当给予公平、合理的补偿。

第一百一十八条 民事主体依法享有债权。

债权是因合同、侵权行为、无因管理、不当得利以及法律的其他规定，权利人请求特定义务人为或者不为一定行为的权利。

第一百一十九条 依法成立的合同，对当事人具有法律约束力。

第一百二十条 民事权益受到侵害的，被侵权人有权请求侵权人承担侵权责任。

第一百二十一条 没有法定的或者约定的义务，为避免他人利益受损失而进行管理的人，有权请求受益人偿还由此支出的必要费用。

第一百二十二条 因他人没有法律根据，取得不当利益，受损失的人有权请求其返还不当利益。

第一百二十三条 民事主体依法享有知识产权。

知识产权是权利人依法就下列客体享有的专有的权利：

（一）作品；

（二）发明、实用新型、外观设计；

（三）商标；

（四）地理标志；

（五）商业秘密；

（六）集成电路布图设计；

（七）植物新品种；

（八）法律规定的其他客体。

第一百二十四条 自然人依法享有继承权。

自然人合法的私有财产,可以依法继承。

第一百二十五条 民事主体依法享有股权和其他投资性权利。

第一百二十六条 民事主体享有法律规定的其他民事权利和利益。

第一百二十七条 法律对数据、网络虚拟财产的保护有规定的,依照其规定。

第一百二十八条 法律对未成年人、老年人、残疾人、妇女、消费者等的民事权利保护有特别规定的,依照其规定。

第一百二十九条 民事权利可以依据民事法律行为、事实行为、法律规定的事件或者法律规定的其他方式取得。

第一百三十条 民事主体按照自己的意愿依法行使民事权利,不受干涉。

第一百三十一条 民事主体行使权利时,应当履行法律规定的和当事人约定的义务。

第一百三十二条 民事主体不得滥用民事权利损害国家利益、社会公共利益或者他人合法权益。

第二编 物 权

第二分编 所 有 权

第六章 业主的建筑物区分所有权

第二百七十一条 业主对建筑物内的住宅、经营性用房等专有部分享有所有权,对专有部分以外的共有部分享有共有和共同管理的权利。

第二百七十二条 业主对其建筑物专有部分享有占有、使用、收益和处分的权利。业主行使权利不得危及建筑物的安全,不得损害其他业主的合法权益。

第二百七十三条 业主对建筑物专有部分以外的共有部分,享有权利,承担义务;不得以放弃权利为由不履行义务。

业主转让建筑物内的住宅、经营性用房,其对共有部分享有的共有和共同管理的权利一并转让。

第二百七十四条 建筑区划内的道路,属于业主共有,但是属于城镇公共道路的除外。建筑区划内的绿地,属于业主共有,但是属于城镇公共绿地或者明示属于个人的除外。建筑区划内的其他公共场所、公用设施和物业服务用房,属于业主共有。

第二百七十五条 建筑区划内,规划用于停放汽车的车位、车库的归属,由当事人通过出售、附赠或者出租等方式约定。

占用业主共有的道路或者其他场地用于停放汽车的车位,属于业主共有。

第二百七十六条 建筑区划内,规划用于停放汽车的车位、车库应当首先满足业主的需要。

第二百七十七条 业主可以设立业主大会,选举业主委员会。业主大会、业主委员会成立的具体条件和程序,依照法律、法规的规定。

地方人民政府有关部门、居民委员会应当对设立业主大会和选举业主委员会给予指导和协助。

第二百七十八条 下列事项由业主共同决定:

(一)制定和修改业主大会议事规则;

(二)制定和修改管理规约;

(三)选举业主委员会或者更换业主委员会成员;

(四)选聘和解聘物业服务企业或者其他管理人;

(五)使用建筑物及其附属设施的维修资金;

(六)筹集建筑物及其附属设施的维修资金;

(七)改建、重建建筑物及其附属设施;

（八）改变共有部分的用途或者利用共有部分从事经营活动；

（九）有关共有和共同管理权利的其他重大事项。

业主共同决定事项，应当由专有部分面积占比三分之二以上的业主且人数占比三分之二以上的业主参与表决。决定前款第六项至第八项规定的事项，应当经参与表决专有部分面积四分之三以上的业主且参与表决人数四分之三以上的业主同意。决定前款其他事项，应当经参与表决专有部分面积过半数的业主且参与表决人数过半数的业主同意。

第二百七十九条 业主不得违反法律、法规以及管理规约，将住宅改变为经营性用房。业主将住宅改变为经营性用房的，除遵守法律、法规以及管理规约外，应当经有利害关系的业主一致同意。

第二百八十条 业主大会或者业主委员会的决定，对业主具有法律约束力。

业主大会或者业主委员会作出的决定侵害业主合法权益的，受侵害的业主可以请求人民法院予以撤销。

第二百八十一条 建筑物及其附属设施的维修资金，属于业主共有。经业主共同决定，可以用于电梯、屋顶、外墙、无障碍设施等共有部分的维修、更新和改造。建筑物及其附属设施的维修资金的筹集、使用情况应当定期公布。

紧急情况下需要维修建筑物及其附属设施的，业主大会或者业主委员会可以依法申请使用建筑物及其附属设施的维修资金。

第二百八十二条 建设单位、物业服务企业或者其他管理人等利用业主的共有部分产生的收入，在扣除合理成本之后，属于业主共有。

第二百八十三条 建筑物及其附属设施的费用分摊、收益分配等事项，有约定的，按照约定；没有约定或者约定不明确的，按照业主专有部分面积所占比例确定。

第二百八十四条 业主可以自行管理建筑物及其附属设施，也可以委托物业服务企业或者其他管理人管理。

对建设单位聘请的物业服务企业或者其他管理人，业主有权依法更换。

第二百八十五条 物业服务企业或者其他管理人根据业主的委托，依照本法第三编有关物业服务合同的规定管理建筑区划内的建筑物及其附属设施，接受业主的监督，并及时答复业主对物业服务情况提出的询问。

物业服务企业或者其他管理人应当执行政府依法实施的应急处置措施和其他管理措施，积极配合开展相关工作。

第二百八十六条 业主应当遵守法律、法规以及管理规约，相关行为应当符合节约资源、保护生态环境的要求。对于物业服务企业或者其他管理人执行政府依法实施的应急处置措施和其他管理措施，业主应当依法予以配合。

业主大会或者业主委员会，对任意弃置垃圾、排放污染物或者噪声、违反规定饲养动物、违章搭建、侵占通道、拒付物业费等损害他人合法权益的行为，有权依照法律、法规以及管理规约，请求行为人停止侵害、排除妨碍、消除危险、恢复原状、赔偿损失。

业主或者其他行为人拒不履行相关义务的，有关当事人可以向有关行政主管部门报告或者投诉，有关行政主管部门应当依法处理。

第二百八十七条 业主对建设单位、物业服务企业或者其他管理人以及其他业主侵害自己合法权益的行为，有权请求其承担民事责任。

第七章 相邻关系

第二百八十八条 不动产的相邻权利人应当按照有利生产、方便生活、团结互助、公平合理的原则，正确处理相邻关系。

第二百八十九条 法律、法规对处理相邻关系有规定的，依照其规定；法律、法规没有规定的，可以按照当地习惯。

第二百九十条 不动产权利人应当为相邻权利人用水、排水提供必要的便利。

对自然流水的利用，应当在不动产的相邻权利人之间合理分配。对自然流水的排放，应当尊重自然流向。

第二百九十一条 不动产权利人对相邻权利人因通行等必须利用其土地的，应当提供必要的便利。

第二百九十二条 不动产权利人因建造、修缮建筑物以及铺设电线、电缆、水管、暖气和燃气管线等必须利用相邻土地、建筑物的，该土地、建筑物的权利人应当提供必要的便利。

第二百九十三条 建造建筑物，不得违反国家有关工程建设标准，不得妨碍相邻建筑物的通风、采光和日照。

第二百九十四条 不动产权利人不得违反国家规定弃置固体废物，排放大气污染物、水污染物、土壤污染物、噪声、光辐射、电磁辐射等有害物质。

第二百九十五条 不动产权利人挖掘土地、建造建筑物、铺设管线以及安装设备等，不得危及相邻不动产的安全。

第二百九十六条 不动产权利人因用水、排水、通行、铺设管线等利用相邻不动产的，应当尽量避免对相邻的不动产权利人造成损害。

第三分编 用益物权

第十三章 宅基地使用权

第三百六十二条 宅基地使用权人依法对集体所有的土地享有占有和使用的权利，有权依法利用该土地建造住宅及其附属设施。

第三百六十三条 宅基地使用权的取得、行使和转让，适用土地管理的法律和国家有关规定。

第三百六十四条 宅基地因自然灾害等原因灭失的，宅基地使用权消灭。对失去宅基地的村民，应当依法重新分配宅基地。

第三百六十五条 已经登记的宅基地使用权转让或者消灭的,应当及时办理变更登记或者注销登记。

第三编 合 同

第二分编 典型合同

第四章 合同的履行

第五百零九条 当事人应当按照约定全面履行自己的义务。

当事人应当遵循诚信原则,根据合同的性质、目的和交易习惯履行通知、协助、保密等义务。

当事人在履行合同过程中,应当避免浪费资源、污染环境和破坏生态。

第五百一十条 合同生效后,当事人就质量、价款或者报酬、履行地点等内容没有约定或者约定不明确的,可以协议补充;不能达成补充协议的,按照合同相关条款或者交易习惯确定。

第五百一十二条 通过互联网等信息网络订立的电子合同的标的为交付商品并采用快递物流方式交付的,收货人的签收时间为交付时间。电子合同的标的为提供服务的,生成的电子凭证或者实物凭证中载明的时间为提供服务时间;前述凭证没有载明时间或者载明时间与实际提供服务时间不一致的,以实际提供服务的时间为准。

电子合同的标的物为采用在线传输方式交付的,合同标的物进入对方当事人指定的特定系统且能够检索识别的时间为交付时间。

电子合同当事人对交付商品或者提供服务的方式、时间另有约定的,按照其约定。

第五百一十三条 执行政府定价或者政府指导价的,在合同约定的交付期限内政府价格调整时，按照交付时的价格计价。逾期交付标的物的，遇价格上涨时，按照原价格执行；价格下降时，按照新价格执行。逾期提取标的物或者逾期付款的，遇价格上涨时，按照新价格执行；价格下降时，按照原价格执行。

第五百一十四条 以支付金钱为内容的债，除法律另有规定或者当事人另有约定外，债权人可以请求债务人以实际履行地的法定货币履行。

第五编 婚姻家庭

第一章 一般规定

第一千零四十一条 婚姻家庭受国家保护。

实行婚姻自由、一夫一妻、男女平等的婚姻制度。

保护妇女、未成年人、老年人、残疾人的合法权益。

第一千零四十二条 禁止包办、买卖婚姻和其他干涉婚姻自由的行为。禁止借婚姻索取财物。

禁止重婚。禁止有配偶者与他人同居。

禁止家庭暴力。禁止家庭成员间的虐待和遗弃。

第一千零四十三条 家庭应当树立优良家风，弘扬家庭美德，重视家庭文明建设。

夫妻应当互相忠实，互相尊重，互相关爱；家庭成员应当敬老爱幼，互相帮助，维护平等、和睦、文明的婚姻家庭关系。

第六编 继 承

第一章 一般规定

第一千一百二十二条 遗产是自然人死亡时遗留的个人合法财产。

依照法律规定或者根据其性质不得继承的遗产，不得继承。

第一千一百二十三条 继承开始后，按照法定继承办理；有遗嘱的，按照遗嘱继承或者遗赠办理；有遗赠扶养协议的，按照协议办理。

第一千一百二十四条第一款 继承开始后，继承人放弃继承的，应当在遗产处理前，以书面形式作出放弃继承的表示；没有表示的，视为接受继承。

第七编 侵权责任

第一章 一般规定

第一千一百六十五条 行为人因过错侵害他人民事权益造成损害的，应当承担侵权责任。

依照法律规定推定行为人有过错，其不能证明自己没有过错的，应当承担侵权责任。

第一千一百六十六条 行为人造成他人民事权益损害，不论行为人有无过错，法律规定应当承担侵权责任的，依照其规定。

第一千一百六十七条 侵权行为危及他人人身、财产安全的，被侵权人有权请求侵权人承担停止侵害、排除妨碍、消除危险等侵权责任。

第一千一百六十八条 二人以上共同实施侵权行为，造成他人损害的，应当承担连带责任。

第一千一百六十九条 教唆、帮助他人实施侵权行为的，应当与行为人承担连带责任。

教唆、帮助无民事行为能力人、限制民事行为能力人实施侵权行为的，应当承担侵权责任；该无民事行为能力人、限制民事行为能力人的监护人未尽到监护职责的，应当承担相应的责任。

第一千一百七十条 二人以上实施危及他人人身、财产安全的行为，其中一人或者数人的行为造成他人损害，能够确定具体侵权人的，由侵权人承担责任；不能确定具体侵权人的，行为人承担连带责任。

第一千一百七十一条　二人以上分别实施侵权行为造成同一损害，每个人的侵权行为都足以造成全部损害的，行为人承担连带责任。

第一千一百七十二条　二人以上分别实施侵权行为造成同一损害，能够确定责任大小的，各自承担相应的责任；难以确定责任大小的，平均承担责任。

中华人民共和国人民调解法

（2010年8月28日第十一届全国人民代表大会常务委员会第十六次会议通过）

第一章　总　　则

第一条　为了完善人民调解制度，规范人民调解活动，及时解决民间纠纷，维护社会和谐稳定，根据宪法，制定本法。

第二条　本法所称人民调解，是指人民调解委员会通过说服、疏导等方法，促使当事人在平等协商基础上自愿达成调解协议，解决民间纠纷的活动。

第三条　人民调解委员会调解民间纠纷，应当遵循下列原则：

（一）在当事人自愿、平等的基础上进行调解；

（二）不违背法律、法规和国家政策；

（三）尊重当事人的权利，不得因调解而阻止当事人依法通过仲裁、行政、司法等途径维护自己的权利。

第四条 人民调解委员会调解民间纠纷,不收取任何费用。

第五条 国务院司法行政部门负责指导全国的人民调解工作,县级以上地方人民政府司法行政部门负责指导本行政区域的人民调解工作。

基层人民法院对人民调解委员会调解民间纠纷进行业务指导。

第六条 国家鼓励和支持人民调解工作。县级以上地方人民政府对人民调解工作所需经费应当给予必要的支持和保障,对有突出贡献的人民调解委员会和人民调解员按照国家规定给予表彰奖励。

第二章 人民调解委员会

第七条 人民调解委员会是依法设立的调解民间纠纷的群众性组织。

第八条 村民委员会、居民委员会设立人民调解委员会。企业事业单位根据需要设立人民调解委员会。

人民调解委员会由委员三至九人组成,设主任一人,必要时,可以设副主任若干人。

人民调解委员会应当有妇女成员,多民族居住的地区应当有人数较少民族的成员。

第九条 村民委员会、居民委员会的人民调解委员会委员由村民会议或者村民代表会议、居民会议推选产生;企业事业单位设立的人民调解委员会委员由职工大会、职工代表大会或者工会组织推选产生。

人民调解委员会委员每届任期三年,可以连选连任。

第十条 县级人民政府司法行政部门应当对本行政区域内人民调解委员会的设立情况进行统计,并且将人民调解委员会以及人员组成和调整情况及时通报所在地基层人民法院。

第十一条 人民调解委员会应当建立健全各项调解工作制度,听取群众意见,接受群众监督。

第十二条 村民委员会、居民委员会和企业事业单位应当为人民调解委员会开展工作提供办公条件和必要的工作经费。

第三章 人民调解员

第十三条 人民调解员由人民调解委员会委员和人民调解委员会聘任的人员担任。

第十四条 人民调解员应当由公道正派、热心人民调解工作,并具有一定文化水平、政策水平和法律知识的成年公民担任。

县级人民政府司法行政部门应当定期对人民调解员进行业务培训。

第十五条 人民调解员在调解工作中有下列行为之一的,由其所在的人民调解委员会给予批评教育、责令改正,情节严重的,由推选或者聘任单位予以罢免或者解聘:

(一)偏袒一方当事人的;

(二)侮辱当事人的;

(三)索取、收受财物或者牟取其他不正当利益的;

(四)泄露当事人的个人隐私、商业秘密的。

第十六条 人民调解员从事调解工作,应当给予适当的误工补贴;因从事调解工作致伤致残,生活发生困难的,当地人民政府应当提供必要的医疗、生活救助;在人民调解工作岗位上牺牲的人民调解员,其配偶、子女按照国家规定享受抚恤和优待。

第四章 调解程序

第十七条 当事人可以向人民调解委员会申请调解;人民调解委员会也可以主动调解。当事人一方明确拒绝调解的,不得调解。

第十八条 基层人民法院、公安机关对适宜通过人民调解方式解决的纠纷，可以在受理前告知当事人向人民调解委员会申请调解。

第十九条 人民调解委员会根据调解纠纷的需要，可以指定一名或者数名人民调解员进行调解，也可以由当事人选择一名或者数名人民调解员进行调解。

第二十条 人民调解员根据调解纠纷的需要，在征得当事人的同意后，可以邀请当事人的亲属、邻里、同事等参与调解，也可以邀请具有专门知识、特定经验的人员或者有关社会组织的人员参与调解。

人民调解委员会支持当地公道正派、热心调解、群众认可的社会人士参与调解。

第二十一条 人民调解员调解民间纠纷，应当坚持原则，明法析理，主持公道。

调解民间纠纷，应当及时、就地进行，防止矛盾激化。

第二十二条 人民调解员根据纠纷的不同情况，可以采取多种方式调解民间纠纷，充分听取当事人的陈述，讲解有关法律、法规和国家政策，耐心疏导，在当事人平等协商、互谅互让的基础上提出纠纷解决方案，帮助当事人自愿达成调解协议。

第二十三条 当事人在人民调解活动中享有下列权利：

（一）选择或者接受人民调解员；

（二）接受调解、拒绝调解或者要求终止调解；

（三）要求调解公开进行或者不公开进行；

（四）自主表达意愿、自愿达成调解协议。

第二十四条 当事人在人民调解活动中履行下列义务：

（一）如实陈述纠纷事实；

（二）遵守调解现场秩序，尊重人民调解员；

（三）尊重对方当事人行使权利。

第二十五条　人民调解员在调解纠纷过程中，发现纠纷有可能激化的，应当采取有针对性的预防措施；对有可能引起治安案件、刑事案件的纠纷，应当及时向当地公安机关或者其他有关部门报告。

第二十六条　人民调解员调解纠纷，调解不成的，应当终止调解，并依据有关法律、法规的规定，告知当事人可以依法通过仲裁、行政、司法等途径维护自己的权利。

第二十七条　人民调解员应当记录调解情况。人民调解委员会应当建立调解工作档案，将调解登记、调解工作记录、调解协议书等材料立卷归档。

第五章　调解协议

第二十八条　经人民调解委员会调解达成调解协议的，可以制作调解协议书。当事人认为无需制作调解协议书的，可以采取口头协议方式，人民调解员应当记录协议内容。

第二十九条　调解协议书可以载明下列事项：

（一）当事人的基本情况；

（二）纠纷的主要事实、争议事项以及各方当事人的责任；

（三）当事人达成调解协议的内容，履行的方式、期限。

调解协议书自各方当事人签名、盖章或者按指印，人民调解员签名并加盖人民调解委员会印章之日起生效。调解协议书由当事人各执一份，人民调解委员会留存一份。

第三十条　口头调解协议自各方当事人达成协议之日起生效。

第三十一条　经人民调解委员会调解达成的调解协议，具有法律约束力，当事人应当按照约定履行。

人民调解委员会应当对调解协议的履行情况进行监督，督促当事人履行约定的义务。

第三十二条 经人民调解委员会调解达成调解协议后，当事人之间就调解协议的履行或者调解协议的内容发生争议的，一方当事人可以向人民法院提起诉讼。

第三十三条 经人民调解委员会调解达成调解协议后，双方当事人认为有必要的，可以自调解协议生效之日起三十日内共同向人民法院申请司法确认，人民法院应当及时对调解协议进行审查，依法确认调解协议的效力。

人民法院依法确认调解协议有效，一方当事人拒绝履行或者未全部履行的，对方当事人可以向人民法院申请强制执行。

人民法院依法确认调解协议无效的，当事人可以通过人民调解方式变更原调解协议或者达成新的调解协议，也可以向人民法院提起诉讼。

第六章　附　　则

第三十四条 乡镇、街道以及社会团体或者其他组织根据需要可以参照本法有关规定设立人民调解委员会，调解民间纠纷。

第三十五条 本法自2011年1月1日起施行。

人民调解工作若干规定

（2002年9月11日司法部部长办公会议通过）

第一章　总　　则

第一条 为了规范人民调解工作，完善人民调解组织，提高人民调解质量，根据《中华人民共和国宪法》和《中华人民共和国民事诉讼法》、《人民调解委员会组织条例》等法律、法规的规定,结合人民调解工作实际,制定本规定。

第二条 人民调解委员会是调解民间纠纷的群众性组织。

人民调解员是经群众选举或者接受聘任,在人民调解委员会领导下,从事人民调解工作的人员。

人民调解委员会委员、调解员,统称人民调解员。

第三条 人民调解委员会的任务是:

(一)调解民间纠纷,防止民间纠纷激化;

(二)通过调解工作宣传法律、法规、规章和政策,教育公民遵纪守法,尊重社会公德,预防民间纠纷发生;

(三)向村民委员会、居民委员会、所在单位和基层人民政府反映民间纠纷和调解工作的情况。

第四条 人民调解委员会调解民间纠纷,应当遵守下列原则:

(一)依据法律、法规、规章和政策进行调解,法律、法规、规章和政策没有明确规定的,依据社会主义道德进行调解;

(二)在双方当事人自愿平等的基础上进行调解;

(三)尊重当事人的诉讼权利,不得因未经调解或者调解不成而阻止当事人向人民法院起诉。

第五条 根据《最高人民法院关于审理涉及人民调解协议的民事案件的若干规定》,经人民调解委员会调解达成的、有民事权利义务内容,并由双方当事人签字或者盖章的调解协议,具有民事合同性质。当事人应当按照约定履行自己的义务,不得擅自变更或者解除调解协议。

第六条 在人民调解活动中,纠纷当事人享有下列权利:

(一)自主决定接受、不接受或者终止调解;

(二)要求有关调解人员回避;

(三)不受压制强迫,表达真实意愿,提出合理要求;

(四)自愿达成调解协议。

第七条 在人民调解活动中,纠纷当事人承担下列义务:

(一)如实陈述纠纷事实,不得提供虚假证明材料;

(二)遵守调解规则;

(三)不得加剧纠纷、激化矛盾;

(四)自觉履行人民调解协议。

第八条 人民调解委员会调解民间纠纷不收费。

第九条 司法行政机关依照本办法对人民调解工作进行指导和管理。

指导和管理人民调解委员会的日常工作,由乡镇、街道司法所(科)负责。

第二章 人民调解委员会和人民调解员

第十条 人民调解委员会可以采用下列形式设立:

(一)农村村民委员会、城市(社区)居民委员会设立的人民调解委员会;

(二)乡镇、街道设立的人民调解委员会;

(三)企业事业单位根据需要设立的人民调解委员会;

(四)根据需要设立的区域性、行业性的人民调解委员会。

人民调解委员会的设立及其组成人员,应当向所在地乡镇、街道司法所(科)备案;乡镇、街道人民调解委员会的设立及其组成人员,应当向县级司法行政机关备案。

第十一条 人民调解委员会由委员三人以上组成,设主任一人,必要时可以设副主任。

多民族聚居地区的人民调解委员会中,应当有人数较少的民族的成员。

人民调解委员会中应当有妇女委员。

第十二条 村民委员会、居民委员会和企业事业单位的人民调解委员会根据需要，可以自然村、小区（楼院）、车间等为单位，设立调解小组，聘任调解员。

第十三条　乡镇、街道人民调解委员会委员由下列人员担任：

（一）本乡镇、街道辖区内设立的村民委员会、居民委员会、企业事业单位的人民调解委员会主任；

（二）本乡镇、街道的司法助理员；

（三）在本乡镇、街道辖区内居住的懂法律、有专长、热心人民调解工作的社会志愿人员。

第十四条　担任人民调解员的条件是：为人公正，联系群众，热心人民调解工作，具有一定法律、政策水平和文化水平。

乡镇、街道人民调解委员会委员应当具备高中以上文化程度。

第十五条　人民调解员除由村民委员会成员、居民委员会成员或者企业事业单位有关负责人兼任的以外，一般由本村民区、居民区或者企业事业单位的群众选举产生，也可以由村民委员会、居民委员会或者企业事业单位聘任。

乡镇、街道人民调解委员会委员由乡镇、街道司法所（科）聘任。

区域性、行业性的人民调解委员会委员，由设立该人民调解委员会的组织聘任。

第十六条　人民调解员任期三年，每三年改选或者聘任一次，可以连选连任或者续聘。

人民调解员不能履行职务时，由原选举单位或者聘任单位补选、补聘。

人民调解员严重失职或者违法乱纪的，由原选举单位或者聘任单位撤换。

第十七条　人民调解员调解纠纷，必须遵守下列纪律：

（一）不得徇私舞弊；

（二）不得对当事人压制、打击报复；

（三）不得侮辱、处罚纠纷当事人；

（四）不得泄露当事人隐私；

（五）不得吃请受礼。

第十八条 人民调解员依法履行职务，受到非法干涉、打击报复的，可以请求司法行政机关和有关部门依法予以保护。

人民调解员履行职务，应当坚持原则，爱岗敬业，热情服务，诚实守信，举止文明，廉洁自律，注重学习，不断提高法律、道德素养和调解技能。

第十九条 人民调解委员会应当建立健全岗位责任制、例会、学习、考评、业务登记、统计和档案等各项规章制度，不断加强组织、队伍和业务建设。

第三章 民间纠纷的受理

第二十条 人民调解委员会调解的民间纠纷，包括发生在公民与公民之间、公民与法人和其他社会组织之间涉及民事权利义务争议的各种纠纷。

第二十一条 民间纠纷，由纠纷当事人所在地（所在单位）或者纠纷发生地的人民调解委员会受理调解。

村民委员会、居民委员会或者企业事业单位的人民调解委员会调解不了的疑难、复杂民间纠纷和跨地区、跨单位的民间纠纷，由乡镇、街道人民调解委员会受理调解，或者由相关的人民调解委员会共同调解。

第二十二条 人民调解委员会不得受理调解下列纠纷：

（一）法律、法规规定只能由专门机关管辖处理的，或者法律、法规禁止采用民间调解方式解决的；

（二）人民法院、公安机关或者其他行政机关已经受理或者解决的。

第二十三条 人民调解委员会根据纠纷当事人的申请，受理调解纠纷；当事人没有申请的，也可以主动调解，但当事人表示异议的除外。

当事人申请调解纠纷，可以书面申请，也可以口头申请。

受理调解纠纷，应当进行登记。

第二十四条 当事人申请调解纠纷，符合条件的，人民调解委员会应当及时受理调解。

不符合受理条件的,应当告知当事人按照法律、法规规定提请有关机关处理或者向人民法院起诉;随时有可能激化的,应当在采取必要的缓解疏导措施后,及时提交有关机关处理。

第四章 民间纠纷的调解

第二十五条 人民调解委员会调解纠纷,应当指定一名人民调解员为调解主持人,根据需要可以指定若干人民调解员参加调解。

当事人对调解主持人提出回避要求的,人民调解委员会应当予以调换。

第二十六条 人民调解委员会调解纠纷,应当分别向双方当事人询问纠纷的事实和情节,了解双方的要求及其理由,根据需要向有关方面调查核实,做好调解前的准备工作。

第二十七条 人民调解委员会调解纠纷,根据需要可以邀请有关单位或者个人参加,被邀请的单位或者个人应当给予支持。

调解跨地区、跨单位的纠纷,相关人民调解委员会应当相互配合,共同做好调解工作。

第二十八条 人民调解委员会调解纠纷,一般在专门设置的调解场所进行,根据需要也可以在便利当事人的其他场所进行。

第二十九条 人民调解委员会调解纠纷,根据需要可以公开进行,允许当事人的亲属、邻里和当地(本单位)群众旁听。但是涉及当事人的隐私、商业秘密或者当事人表示反对的除外。

第三十条 人民调解委员会调解纠纷,在调解前应当以口头或者书面形式告知当事人人民调解的性质、原则和效力,以及当事人在调解活动中享有的权利和承担的义务。

第三十一条 人民调解委员会调解纠纷,应当在查明事实、分清责任的基础上，根据当事人的特点和纠纷性质、难易程度、发展变化的情况，采取灵活多样的方式方法，开展耐心、细致的说服疏导工作，促使双方当事人互谅互让，消除隔阂，引导、帮助当事人达成解决纠纷的调解协议。

第三十二条 人民调解委员会调解纠纷，应当密切注意纠纷激化的苗头，通过调解活动防止纠纷激化。

第三十三条 人民调解委员会调解纠纷，一般在一个月内调结。

第五章 人民调解协议及其履行

第三十四条 经人民调解委员会调解解决的纠纷，有民事权利义务内容的，或者当事人要求制作书面调解协议的，应当制作书面调解协议。

第三十五条 调解协议应当载明下列事项：

（一）双方当事人基本情况；

（二）纠纷简要事实、争议事项及双方责任；

（三）双方当事人的权利和义务；

（四）履行协议的方式、地点、期限；

（五）当事人签名，调解主持人签名，人民调解委员会印章。

调解协议由纠纷当事人各执一份，人民调解委员会留存一份。

第三十六条 当事人应当自觉履行调解协议。

人民调解委员会应当对调解协议的履行情况适时进行回访，并就履行情况做出记录。

第三十七条 当事人不履行调解协议或者达成协议后又反悔的，人民调解委员会应当按下列情形分别处理：

（一）当事人无正当理由不履行协议的，应当做好当事人的工作，督促其履行；

（二）如当事人提出协议内容不当，或者人民调解委员会发现协议内容不当

的,应当在征得双方当事人同意后,经再次调解变更原协议内容;或者撤销原协议,达成新的调解协议;

(三)对经督促仍不履行人民调解协议的,应当告知当事人可以请求基层人民政府处理,也可以就调解协议的履行、变更、撤销向人民法院起诉。

第三十八条 对当事人因对方不履行调解协议或者达成协议后又后悔,起诉到人民法院的民事案件,原承办该纠纷调解的人民调解委员会应当配合人民法院对该案件的审判工作。

第六章 对人民调解工作的指导

第三十九条 各级司法行政机关应当采取切实措施,加强指导,不断推进本地区人民调解委员会的组织建设、队伍建设、业务建设和制度建设,规范人民调解工作,提高人民调解工作的质量和水平。

各级司法行政机关在指导工作中,应当加强与人民法院的协调和配合。

第四十条 各级司法行政机关应当采取多种形式,加强对人民调解员的培训,不断提高人民调解员队伍的素质。

第四十一条 各级司法行政机关对于成绩显著、贡献突出的人民调解委员会和人民调解员,应当定期或者适时给予表彰和奖励。

第四十二条 各级司法行政机关应当积极争取同级人民政府的支持,保障人民调解工作的指导和表彰经费;协调和督促村民委员会、居民委员会和企业事业单位,落实人民调解委员会的工作经费和人民调解员的补贴经费。

第四十三条 乡镇、街道司法所(科),司法助理员应当加强对人民调解委员会工作的指导和监督,负责解答、处理人民调解委员会或者纠纷当事人就人民调解工作有关问题的请示、咨询和投诉;应人民调解委员会的请求或者根据需要,协助、参与对具体纠纷的调解活动;对人民调解委员会主持达成的调解协议予以检查,发现违背法律、法规、规章和政策的,应当予以纠正;总结交流人民调解工作经验,调查研究民间纠纷的特点和规律,指导人民调解委员会改进工作。

第七章　附　　则

第四十四条　人民调解委员会工作所需的各种文书格式,由司法部统一制定。

第四十五条　本规定自二〇〇二年十一月一日起施行。本规定发布前,司法部制定的有关规章、规范性文件与本规定相抵触的,以本规定为准。

最高人民法院关于人民调解协议司法确认程序的若干规定

（2011年3月21日由最高人民法院审判委员会第1515次会议通过）

为了规范经人民调解委员会调解达成的民事调解协议的司法确认程序,进一步建立健全诉讼与非诉讼相衔接的矛盾纠纷解决机制,依照《中华人民共和国民事诉讼法》和《中华人民共和国人民调解法》的规定,结合审判实际,制定本规定。

第一条　当事人根据《中华人民共和国人民调解法》第三十三条的规定共同向人民法院申请确认调解协议的,人民法院应当依法受理。

第二条　当事人申请确认调解协议的,由主持调解的人民调解委员会所在地基层人民法院或者它派出的法庭管辖。

人民法院在立案前委派人民调解委员会调解并达成调解协议,当事人申请司法确认的,由委派的人民法院管辖。

第三条 当事人申请确认调解协议,应当向人民法院提交司法确认申请书、调解协议和身份证明、资格证明,以及与调解协议相关的财产权利证明等证明材料,并提供双方当事人的送达地址、电话号码等联系方式。委托他人代为申请的,必须向人民法院提交由委托人签名或者盖章的授权委托书。

第四条 人民法院收到当事人司法确认申请,应当在三日内决定是否受理。人民法院决定受理的,应当编立"调确字"案号,并及时向当事人送达受理通知书。双方当事人同时到法院申请司法确认的,人民法院可以当即受理并作出是否确认的决定。

有下列情形之一的,人民法院不予受理:

(一)不属于人民法院受理民事案件的范围或者不属于接受申请的人民法院管辖的;

(二)确认身份关系的;

(三)确认收养关系的;

(四)确认婚姻关系的。

第五条 人民法院应当自受理司法确认申请之日起十五日内作出是否确认的决定。因特殊情况需要延长的,经本院院长批准,可以延长十日。

在人民法院作出是否确认的决定前,一方或者双方当事人撤回司法确认申请的,人民法院应当准许。

第六条 人民法院受理司法确认申请后,应当指定一名审判人员对调解协议进行审查。人民法院在必要时可以通知双方当事人同时到场,当面询问当事人。当事人应当向人民法院如实陈述申请确认的调解协议的有关情况,保证提交的证明材料真实、合法。人民法院在审查中,认为当事人的陈述或者提供的证明材料不充分、不完备或者有疑义的,可以要求当事人补充陈述或者补充证明材料。当事人无正当理由未按时补充或者拒不接受询问的，可以按撤回司法确认申请处理。

第七条 具有下列情形之一的，人民法院不予确认调解协议效力：

（一）违反法律、行政法规强制性规定的；

（二）侵害国家利益、社会公共利益的；

（三）侵害案外人合法权益的；

（四）损害社会公序良俗的；

（五）内容不明确，无法确认的；

（六）其他不能进行司法确认的情形。

第八条 人民法院经审查认为调解协议符合确认条件的，应当作出确认决定书；决定不予确认调解协议效力的，应当作出不予确认决定书。

第九条 人民法院依法作出确认决定后，一方当事人拒绝履行或者未全部履行的，对方当事人可以向作出确认决定的人民法院申请强制执行。

第十条 案外人认为经人民法院确认的调解协议侵害其合法权益的，可以自知道或者应当知道权益被侵害之日起一年内，向作出确认决定的人民法院申请撤销确认决定。

第十一条 人民法院办理人民调解协议司法确认案件，不收取费用。

第十二条 人民法院可以将调解协议不予确认的情况定期或者不定期通报同级司法行政机关和相关人民调解委员会。

第十三条 经人民法院建立的调解员名册中的调解员调解达成协议后，当事人申请司法确认的，参照本规定办理。人民法院立案后委托他人调解达成的协议的司法确认，按照《最高人民法院关于人民法院民事调解工作若干问题的规定》（法释〔2004〕12号）的有关规定办理。

关于贯彻实施《中华人民共和国人民调解法》的意见

（2010年12月24日第20次部长办公会议讨论通过）

为贯彻实施《中华人民共和国人民调解法》（以下简称人民调解法），现就有关问题提出以下意见：

一、深入学习宣传贯彻人民调解法

1. 充分认识贯彻实施人民调解法的重要意义。人民调解法是我国第一部专门规范人民调解工作的法律。人民调解法的颁布实施，对于完善人民调解制度、促进人民调解工作发展，对于深入推进三项重点工作、维护社会和谐稳定，对于进一步做好群众工作、密切党群干群关系，都具有十分重要的意义。各级司法行政机关要切实增强贯彻实施人民调解法的责任感、使命感，以贯彻实施人民调解法为契机，努力开创人民调解工作新局面。

2. 广泛深入地学习宣传人民调解法。各级司法行政机关、广大人民调解组织和人民调解员要深入学习人民调解法，掌握人民调解法的立法精神和各项规定，做到准确理解法律、自觉遵守法律、正确执行法律。要按照统一规划、分级负责、分期分批实施的原则，切实组织好人民调解法学习培训工作，为贯彻实施人民调解法奠定牢固基础。要面向社会、面向群众，广泛宣传人民调解法的重要意义和主要内容，宣传人民调解制度的特色和优势，为人民调解法的贯彻实施营造良好社会氛围。

3. 全面贯彻落实人民调解法的各项要求。人民调解法内容完备、要求明确，要在人民调解工作中全面贯彻、严格执行人民调解法，确保各项规定落到实处。要坚持人民调解的本质特征和工作原则，保证人民调解工作的正确方向。要加强人民调解组织和人民调解员队伍建设，为开展人民调解工作提供强有力的组织保障。要规范人民调解程序，不断提高人民调解工作的质量。要把握人民调解的基础性地位，充分发挥人民调解在化解矛盾纠纷中的优势和作用。要切实履行司法行政机关对人民调解工作的指导职责，有力推动人民调解工作的改革发展。

二、积极推进人民调解组织队伍建设

4. 建立健全人民调解委员会。依法全面建立村（居）人民调解委员会，实现村（居）人民调解委员会全覆盖。结合企业事业单位的特点和实际，鼓励和帮助企业事业单位建立人民调解委员会。加强乡镇（街道）人民调解委员会建设，充分发挥其化解疑难复杂矛盾纠纷的作用。积极与有关行业主管部门、社会团体和其他组织沟通协调，着重加强专业性、行业性人民调解委员会建设。

5. 健全完善人民调解组织网络。村（居）和企业事业单位人民调解委员会根据需要，可以在自然村、小区、楼院、车间等设立人民调解小组开展调解工作，也可以在机关、单位等场所设立人民调解工作室调解特定的民间纠纷。

6. 规范人民调解委员会名称。村（居）、企业事业单位、乡镇（街道）人民调解委员会名称由“所在村民委员会、居民委员会名称或者所在乡镇、街道行政区划名称或者所在企业事业单位名称”和“人民调解委员会”两部分内容依次组成。区域性、行业性、专业性人民调解委员会名称由“所在市、县或者乡镇、街道行政区划名称”、“特定区域名称或者行业、专业纠纷类型”和“人民调解委员会”三部分内容依次组成。

7. 提高人民调解员队伍素质。严格按照法定条件推选、聘任人民调解员。充分利用社会资源，吸收具有专业技能和专业知识的人员担任专兼职人民调解员。积极开展法律政策、职业道德和调解技巧的培训，不断提高人民调解员的政治素质和工作能力。

三、大力预防和化解社会矛盾纠纷

8.全面做好人民调解工作。广泛开展经常性的矛盾纠纷排查，及时发现倾向性、苗头性问题，做到底数情、情况明。切实做好矛盾纠纷化解工作，依法及时、就地调解矛盾纠纷，做到案结事了，防止纠纷激化。认真做好矛盾纠纷预防工作，及时发现可能导致矛盾纠纷的潜在因素，尽早采取有针对性的防范措施。

9.努力拓展人民调解工作领域。主动适应新时期社会矛盾纠纷发展变化的新趋势，在做好婚姻家庭、相邻关系、损害赔偿等常见性、多发性矛盾纠纷调解工作的同时，积极在征地拆迁、教育医疗、道路交通、劳动争议、物业管理、环境保护等领域开展人民调解工作，扩大人民调解覆盖面。

10.着力化解重大复杂疑难民间纠纷。人民调解组织要着力化解本地区多年积累、长期未得到有效解决的矛盾纠纷，群众反映强烈、社会影响大的矛盾纠纷以及党委、政府交办的矛盾纠纷。要集中时间、集中力量，深入开展形式多样、主题鲜明的人民调解专项活动，推进人民调解工作不断深入。对于重大、复杂、疑难的矛盾纠纷，司法行政机关领导干部要加强督促指导，亲自参与调解，确保矛盾纠纷得到有效化解。

四、规范开展人民调解活动

11.完善人民调解受理方式。当事人书面申请调解的，应当填写《人民调解申请书》；口头申请的，人民调解委员会应当填写《人民调解受理登记表》。对于排查中主动发现的、群众反映的或者有关部门移送的民间纠纷，人民调解委员会应当主动进行调解。对于不属于受理范围的纠纷，人民调解委员会应当告知当事人按照法律、法规的规定，可以请求有关部门处理或者向人民法院提起诉讼。

12.依法开展调解活动。人民调解员调解纠纷，应当严格遵循人民调解工作的原则，主动告知当事人在调解活动中的权利义务，耐心听取当事人对纠纷事实的讲述,深入讲解法律政策和社会公德,帮助当事人认识其在纠纷中应当承担的责任和享有的权利,采取有针对性的措施防止纠纷激化。

13. 规范人民调解协议。经人民调解委员会调解达成调解协议的,可以制作《人民调解协议书》。调解协议有给付内容且非即时履行的,一般应当制作《人民调解协议书》。当事人认为无需制作调解协议书的,可以采取口头协议方式,由人民调解员填写《人民调解口头协议登记表》。

14. 督促当事人履行人民调解协议。人民调解委员会应当对人民调解协议的履行情况,适时进行回访,并填写《人民调解回访记录》。当事人无正当理由不履行人民调解协议的,应当督促其履行。发现人民调解协议内容不当的,在征得各方当事人同意后,可以再次进行调解达成新的调解协议。

五、建立健全人民调解委员会工作制度

15. 健全人民调解委员会工作制度。人民调解委员会要建立完善学习培训、社情民意分析、重大纠纷集体讨论、重大疑难纠纷报告及档案管理等制度,逐步形成有效预防和化解矛盾纠纷的人民调解工作制度体系。

16. 加强人民调解统计报送工作。要全面、及时地对人民调解工作情况进行登记和统计。人民调解员调解每一件纠纷,都应当填写《人民调解员调解案件登记单》。人民调解委员会应当按期填写《人民调解委员会调解案件汇总登记表》,及时向司法行政机关报送《人民调解组织队伍经费保障情况统计表》、《人民调解案件情况统计表》。

17. 规范人民调解卷宗。人民调解委员会调解纠纷,一般应当制作调解卷宗,做到一案一卷。调解卷宗主要包括《人民调解申请书》或者《人民调解受理登记表》、人民调解调查(调解、回访)记录、《人民调解协议书》或者《人民调解口头协议登记表》等。纠纷调解过程简单或者达成口头调解协议的,也可以多案一卷,定期集中组卷归档。

六、切实加强对人民调解工作的指导

18. 依法全面履行指导人民调解工作职责。各级司法行政机关特别是县级司法行政机关，要采取有力措施，推进人民调解组织建设、队伍建设、制度建设和保障能力建设，不断提高人民调解工作质量和水平，充分发挥人民调解在化解社会矛盾、维护社会稳定中的作用。

19. 大力开展人民调解队伍培训工作。省级、市级司法行政机关负责培训县级司法行政机关指导人民调解工作干部和司法所工作人员。县级司法行政机关组织开展本行政区域内的人民调解员培训工作，每年至少开展一次人民调解员任职培训，每三年完成一次人民调解员轮训。

20. 推动落实人民调解工作各项保障政策。各级司法行政机关应当加强与有关部门的沟通协调，解决好人民调解工作指导经费、人民调解委员会补助经费、人民调解员补贴经费；协调人民调解委员会设立单位为其提供必要的工作经费和办公条件；推动落实人民调解员的表彰奖励、困难救助、优待抚恤政策，充分调动广大人民调解员的积极性、主动性和创造性。

21. 进一步强化司法所指导人民调解工作的职能。司法所要切实履行对人民调解工作的日常指导职责，帮助有关单位和组织建立健全人民调解委员会，配齐配强人民调解员，健全完善人民调解工作制度；总结交流人民调解工作经验，指导人民调解委员会调解民间纠纷，纠正违法和不当的调解活动；维护人民调解员合法权益，协调解决人民调解委员会和人民调解员工作中的困难和问题，保障人民调解工作的顺利发展。

22. 充分发挥人民调解员协会的作用。司法行政机关要依法指导人民调解员协会开展工作，支持人民调解员协会充分履行组织会员学习、总结交流经验、开展理论研究、维护会员权益等职责，团结和带领广大人民调解员努力做好人民调解工作。